YAMAGUCHI

山口県

丸善出版 編

丸善出版

刊行によせて

　「47都道府県百科」シリーズは、2009年から刊行が開始された小百科シリーズである。さまざまな事象、名産、物産、地理の観点から、47都道府県それぞれの地域性をあぶりだし、比較しながら解説することを趣旨とし、2024年現在、既に40冊近くを数える。

　本シリーズは主に中学・高校の学校図書館や、各自治体の公共図書館、大学図書館を中心に、郷土資料として愛蔵いただいているようである。本シリーズがそもそもそのように、各地域間を比較できるレファレンスとして計画された、という点からは望ましいと思われるが、長年にわたり、それぞれの都道府県ごとにまとめたものもあれば、自分の住んでいる都道府県について、自宅の本棚におきやすいのに、という要望が編集部に多く寄せられたそうである。

　そこで、シリーズ開始から15年を数える2024年、その要望に応え、これまでに刊行した書籍の中から30タイトルを選び、47都道府県ごとに再構成し、手に取りやすい体裁で上梓しよう、というのが本シリーズの趣旨だそうである。

　各都道府県ごとにまとめられた本シリーズの目次は、まずそれぞれの都道府県の概要（知っておきたい基礎知識）を解説したうえで、次のように構成される（カギカッコ内は元となった既刊のタイトル）。

Ⅰ　歴史の文化編
　「遺跡」「国宝／重要文化財」「城郭」「戦国大名」「名門／名家」「博物館」「名字」
Ⅱ　食の文化編
　「米／雑穀」「こなもの」「くだもの」「魚食」「肉食」「地鶏」「汁

i

物」「伝統調味料」「発酵」「和菓子 / 郷土菓子」「乾物 / 干物」
Ⅲ　営みの文化編
「伝統行事」「寺社信仰」「伝統工芸」「民話」「妖怪伝承」「高校野球」「やきもの」
Ⅳ　風景の文化編
「地名由来」「商店街」「花風景」「公園 / 庭園」「温泉」

　土地の過去から始まって、その土地と人によって生み出される食文化に進み、その食を生み出す人の営みに焦点を当て、さらに人の営みの舞台となる風景へと向かっていく、という体系を目論んだ構成になっているようである。

　この目次構成は、一つの都道府県の特色理解と、郷土への関心につながる展開になっていることがうかがえる。また、手に取りやすくなった本書は、それぞれの都道府県に旅するにあたって、ガイドブックと共に手元にあって、気になった風景や寺社、歴史に食べ物といったその背景を探るのにも役立つことだろう。

　　　　　　　　　　＊　　　　＊　　　　＊

　さて、そもそも47都道府県、とは何なのだろうか。47都道府県の地域性の比較を行うという本シリーズを再構成し、47都道府県ごとに紹介する以上、この「刊行によせて」でそのことを少し触れておく必要があるだろう。

　日本の古くからの地域区分といえば、「五畿七道と六十余州」と呼ばれる、京都を中心に道沿いに区分された8つの地域と、66の「国」ならびに2島に分かつ区分が長年にわたり用いられてきた。律令制の時代に始まる地域区分は、平安時代の国司制度はもちろんのこと、武家政権時代の国ごとの守護制度などにおいて（一部の広すぎる国、例えば陸奥などの例外はあるとはいえ）長らく政治的な区分でもあった。江戸時代以降、政治的区分としては「三百諸侯」とも称される大名家の領地区分が実効的なものとなるが、それでもなお、令制国一国を領すると見なされた大名を「国持」と称するなど、この区分は日本列島の人々の念頭に残り続けた。

　それが大きく変化するのは、明治維新からである。まず地方区分

は旧来のものにさらに「北海道」が加わり、平安時代以来の陸奥・出羽の広大な範囲が複数の「国」に分割される。政治上では、まずは京・大阪・東京の大都市である「府」、中央政府の管理下にある「県」、各大名家に統治権を返上させたものの当面存続する「藩」に分割された区分は、大名家所領を反映して飛び地が多く、中央集権のもとで中央政府の政策を地方に反映させることを目指した当時としては、極めて使いづらいものになっていた。そこで、まずはこれら藩が少し整理のうえ「県」に移行する。これがいわゆる「廃藩置県」である。これらの統合が順次進められ、時にあまりに統合しすぎて逆に非効率だと慌てつつ、1889年、ようやく1道3府43県という、現在の47の区分が確定。さらに第2次世界大戦中の1943年に東京府が「東京都」になり、これでようやく1都1道2府43県、すなわち「47都道府県」と言える状態になったのである。これが現在からおよそ80年前のことである。また、この間に地方もまとめ直され、京都を中心とみるのではなく複数のブロックで扱うことが多くなった。本シリーズで使っている区分で言えば、北海道・東北・関東・北陸・甲信・東海・近畿・中国・四国・九州及び沖縄の10地方区分だが、これは今も分け方が複数存在している。

　だいたいどのような地域区分にも言えることではあるのだが、地域区分は人が引いたものである以上、どこかで恣意的なものにはなる。一応1500年以上はある日本史において、この47都道府県という区分が定着したのはわずか80年前のことに過ぎない。かといって完全に人工的なものかと言われれば、現代の47都道府県の区分の多くが旧六十余州の境目とも微妙に合致して今も旧国名が使われることがあるという点でも、境目に自然地理的な山や川が良く用いられているという点でも、何より我々が出身地としてうっかり「○○県出身」と言ってしまう点を考えても（一部例外はあるともいうが）、それもまた否である。ひとたび生み出された地域区分は、使い続けていればそれなりの実態を持つようになるし、ましてや私たちの生活からそう簡単に逃れることはできないのである。

＊　　　＊　　　＊

各都道府県ごとにまとめ直す、ということは、本シリーズにおい

刊行によせて　iii

ては「あえて」という枕詞がつくだろう。47都道府県を横断的に見てきたこれまでの既刊シリーズをいったん分解し、各都道府県ごとにまとめることで、私たちが「郷土性」と認識しているものがどのようにして構築されたのか、どのように認識しているのかを、複数のジャンルを横断することで見えてくるものがきっとあるであろう。もちろん、47都道府県すべての巻を購入して、とある県のあるジャンルと、別の県のあるジャンルを比較し、その類似性や違いを考えていくことも悪くない。あるいは、各巻ごとに精読し、県の中での違いを考えてみることも考えられるだろう。

　ともかくも、地域性を考察するということは、地域を再発見することでもある。我々が普段当たり前だと思っている地域性や郷土というものからいったん身を引きはがし、一歩引いて観察し、また戻ってくることでもある。有名な小説風に言えば、「行きて帰りし」である。

　本シリーズがそのような地域性を再発見する旅の一助となることを願いたい。

2024年5月吉日

執筆者を代表して

森　岡　　浩

目　　次

知っておきたい基礎知識　1

基本データ（面積・人口・県庁所在地・主要都市・県の植物・県の動物・該当する旧制国・大名・農産品の名産・水産品の名産・製造品出荷額）／県章／ランキング1位／地勢／主要都市／主要な国宝／県の木秘話／主な有名観光地／文化／食べ物／歴史

I　歴史の文化編　11

遺跡 12 ／国宝/重要文化財 17 ／城郭 22 ／戦国大名 28 ／名門/名家 32 ／博物館 38 ／名字 44

II　食の文化編　51

米/雑穀 52 ／こなもの 58 ／くだもの 61 ／魚食 66 ／肉食 70 ／地鶏 77 ／汁物 81 ／伝統調味料 86 ／発酵 91 ／和菓子/郷土菓子 95 ／乾物/干物 101

III　営みの文化編　105

伝統行事 106 ／寺社信仰 110 ／伝統工芸 116 ／民話 121 ／妖怪伝承 127 ／高校野球 133 ／やきもの 139

Ⅳ 風景の文化編 147

地名由来 148／商店街 153／花風景 159／公園/庭園 164／温泉 168

執筆者 / 出典一覧 171
索　引 173

【注】本書は既刊シリーズを再構成して都道府県ごとにまとめたものであるため、記述内容はそれぞれの巻が刊行された年時点での情報となります

山口県

知っておきたい基礎知識

- 面積：6112 km²
- 人口：128万人（2024年速報値）
- 県庁所在地：山口市
- 主要都市：下関(しものせき)、宇部(うべ)、周南、岩国(いわくに)、防府(ほうふ)、山陽小野田(さんようおのだ)、下松(くだまつ)、光、萩(はぎ)
- 県の植物：アカマツ（木）、夏みかんの花（花）
- 県の動物：ナベヅル（鳥）、ふく（フグ）（魚）、ホンシュウジカ（獣）
- 該当する令制国：山陽道長門国(ながとのくに)（西部、山口よりも西側）、周防国(すおうのくに)（東部）
- 該当する大名：長州藩(ちょうしゅうはん)（毛利氏(もうりうじ)）
- 農産品の名産：夏みかんなどかんきつ類、イチゴ、ナス、コメ、牛など
- 水産品の名産：フグ、タコ、ノドグロなど
- 製造品出荷額：6兆6501億円（2021年工業統計）

●県　章

「山」と「口」を鳥に見立てて図案化したもの。

I

●ランキング1位
・1事業所当たりの付加価値額　2021年工業統計による。これをまとめた山口県の統計分析課によれば、特に化学工業、ゴム製品製造業、輸送用機械器具製造業で高い。山口県のあたりは宇部の石炭や秋吉台の石灰石などの資源に恵まれていたうえに、明治時代～大正時代には大陸にも近いために資源の輸入の便もあり、この時に周南市のコンビナートなどが発達した。加えて、塩田の跡地をはじめとして臨海部に用地も容易に確保でき、かつ海運の動脈である瀬戸内海に面していることから、現代まで工業が全国的にも地位を保つ一因となっている。

●地　勢
　中国地方のうち最も西側、山陽地方に属し日本海と瀬戸内海の双方に面した一帯を指す。全般に中国山地の山々が県域の大半を占めるが、瀬戸内海の沿岸部には平地が開けており、周南（徳山）や宇部といった工業都市がこの沿岸部にある。また椹野川の流れるあたりには盆地があり、県庁所在地の山口市がある。県境の錦川沿いにも岩国がある。
　南岸は比較的にせよ平地が多いが、北岸は萩などにわずかな平地がある以外、山が海岸に迫っており、陸上交通の便が悪い。ただし、日本海に面しているとは言っても、沿岸の暖流である対馬海流などの影響で気候は比較的穏やかである。
　瀬戸内海に面しているため、周防大島などの有人島がいくつかあり、また上関や三田尻、中関（防府市）などをはじめとして港町も多数形成された。そのうち最大のものが、九州と本州を分かつ関門海峡に面した都市である下関である。また、北岸にも萩の沖合にあり小火山に由来する見島などの島々や、仙崎（長門市）の港を形作る青海島などがある。

●主要都市
・山口市　内陸部の小盆地に位置する県庁所在地。古く室町時代には大内氏が本拠地を置き繁栄したが、戦国時代後期以降の大内氏の衰微や、江戸時代初頭における毛利氏による新藩庁の萩設置により、江戸時代には小都市にまで衰退していた。現代の都市は1863年、萩への外国船砲撃を警戒して藩主の「滞在」という形で移転整備されたことによって県の政治の中

心地になったことに由来する。このため都市規模は小さい一方、江戸時代にあまり開発が入らなかったことにより中世の町割がよく継承されたことでも知られている。
・下関市　古くは赤間関とも呼ばれた、九州と本州を分かち、また瀬戸内海航路が外海にでる航路の拠点たる関門海峡にあって栄えた港町であり、県内最大の都市。明治時代にかけて大陸航路の玄関口として栄えたことによる史跡も多数ある。また、市域には長州藩支藩の城下町であった長府を含む。
・宇部市　長門地域南部、厚東川河口にある工業都市。石炭と石灰石が見つかったことにより、となりの山陽小野田市とともに県内屈指の工業都市として栄えた。北の美祢市には石灰岩による地形として有名な秋吉台がある。
・岩国市　周防地域の東側、東部地域を支配した吉川家の城下町に由来する都市。城下町は名橋、錦帯橋で有名だが、現在の市街地はそれよりも東にある、江戸時代にかけて干拓や開発が進んだ沖積平野に明治時代以降に立地した工業都市が中心となっている。また、旧海軍に由来して米軍基地の町としての一面を持つ。
・防府市　周防地域の中央部、山口から南東に山を越えたところにある都市。古くから周防の国府がおかれ開発が進んだ一帯であるが、より詳しく見ると防府天満宮の門前町にして街道の宿場として栄えた宮市と、江戸時代に長州藩によって重視され瀬戸内航路における藩の拠点として発展した三田尻の2地区からなる。
・萩市　長門地域の北部にあたる日本海側、江戸時代初期に長州藩の城下町として築城された都市。海に面しているものの陸上交通が不便で、幕末には藩の政治組織が実質的に山口に移転したが、その結果として明治時代以降の開発を免れ、国内でも特に武家屋敷や当時の街並みが残る都市として知られるようになった。隣の長門市は捕鯨でも知られていた。
・周南市　周防地域中央西部、長州藩の支藩の城下町として栄えた徳山を中心に周辺都市が合併してできた都市。隣の港町として栄えた下松市などと共に、明治時代以降はかなりつながりが深い都市圏を形成して工業都市として栄えた。

● **主要な国宝**
・瑠璃光寺五重塔　山口の町が現在の場所に営まれるようになったのは、守護の大内氏が室町時代の中期ごろ、現在の市街地から見て南東にあった

館を移したことからといわれている。その館からみて北西、北の山際に寺が営まれたのもその時代からで、国宝となっている檜皮葺の五重塔は1442年の建立とされる。五重塔は1551年の山口市街地炎上や、続く江戸時代における山口が小都市として推移した時期を耐え抜き、現在までその姿を見せている。

・**紙本墨画淡彩四季山水図　雪舟筆**　防府市にある毛利博物館に所蔵されている、室町時代の水墨画家である雪舟の作品。春から冬へと至る四季の移ろいを16mにもわたって描く。雪舟は備中（岡山県）の出身で、大内氏の庇護のもとで中国に留学し、また帰国後も大内氏の本拠たる山口を中心に活動したといわれ、山口市常栄寺の庭にも雪舟が作庭したという伝承がある。また、毛利博物館は明治維新後に防府市に建てられた博物館で、毛利家が保有してきた美術品を展示している。その中にはほかにも『史記呂后本紀第九』（書跡）などの国宝がある。

●県の木秘話

・**アカマツ**　主に水捌けがよい山を中心に育つ針葉樹。同じ中国地方の岡山県でも県の木となっているとおり、瀬戸内海沿岸ではよく育ち、県域の広範囲に広がっている。

・**夏みかん**　長門地域の仙崎周辺を原産とするみかんの変種。県の花に指定されている白い花を咲かせる。江戸時代に発見され、当初は酸味の強さからあまり人気がなかったが、ある時、実をそのまま翌年の夏までおいておくと酸味が抜けて甘くなることが判明し、以降は長門地域を中心に生産が広まっていった。萩市には武家屋敷街に夏みかんが多いことで知られているが、これは江戸時代以降に、困窮した旧武家の家計の足しにと栽培が推奨されたものである。

●主な有名観光地

・**秋吉台**　宇部・小野田の両工業都市の北隣にある美祢市には、全国でも最大規模の広大な石灰岩の台地が広がっている。カルストと呼ばれる草原のところどころに白い石灰岩が露出する景観や、大地の下に広がる広大な秋芳洞は多くの観光客を集めている。なお、この周辺で獲れる石灰、またかつて取れた石炭は、宇部で有名なセメント産業の背景となってきた。

・**岩国錦帯橋**　岩国の旧市街地は現在の市街地よりも山の方に入った小盆

地にあるが、その城下町と城は錦川によって分けられており、錦川によってたびたび橋が流されていた。これを解消すべく流されにくい橋を目的に江戸時代に架けられたのが、五連にもわたる木造アーチ橋であった。かくしてこの橋は近代までの270年にわたり流されずにその姿を保ち、その後も再建と修復がなされている。

・萩城下町　阿武川の河口に開けた城下町、萩は武家屋敷町や城の設備、船蔵や古民家が面的に残る風情で知られている。萩焼などの伝統工芸品も有名である。

●文　化

・壇ノ浦と巌流島　古くからある説に、壇ノ浦の戦いで源氏と平氏の勝敗を分けたのは海峡の潮流だというものがある。この説には疑義もあるのだが、少なくとも関門海峡の流れが速いことは確かであり、宮本武蔵と佐々木小次郎の決闘でしられる巌流島なども難所で知られていた。また、壇ノ浦に沈んだ安徳天皇をまつる赤間神宮は古くは寺で、有名な『耳無し芳一』の怪談はここを舞台としている。

・山口市と大内氏　山口市が大内氏の城下町として栄えた時代と、現代の県庁所在地となった時代との間には大きな隔たりがある。例えば、伝統工芸品の大内塗は、室町時代に名産だったらしいという伝承をもとに江戸時代末期から明治にかけて復興されたものであった。また、盛大に行われる祇園祭は大内氏の治世に由来があるとはいえ、その間の変容もある。だが、その「大内氏の栄えた都市だった」という記憶が、現在の山口市を構成する要素となっている。

●食べ物

・フグ　江戸時代、毒のあるフグを武家が食することは禁じられている地域が多く、長州藩も例外ではなかった。ただし、そうはいっても町人を中心に食べる人は食べていた。明治時代に、総理大臣伊藤博文が下関の旅館で（時化でフグしか手元になくやむなく、という名目で）食べたことをきっかけに山口県でフグ食が解禁され、下関の名物となるに至っている。下関はフグのから揚げなども有名で、また近代的な捕鯨の発祥地として近年鯨料理にも力を入れている。

・瓦そば　現在の下関市の北側にあたる豊浦にある温泉、川棚温泉で、西

南戦争のエピソードをヒントに、焼いた瓦の上に茶そばや具をのせて供する料理が始まったのは1961年のことである。それが急速に広まって現在に至っている。

●歴　史

●古　代

　瀬戸内海と日本海の双方に面した山口県の県域は、九州・瀬戸内海地域など様々な地域の文化が交差する一帯であった。すでにこの点については縄文時代から、周防地域の熊毛郡にある岩田遺跡が九州地方と瀬戸内海地域双方の特徴を併せ持っていることで知られている。また長門地域の北部、下関市土井ヶ浜にある弥生時代の集団墓地も有名である。

　県域西端にあたる関門海峡はすでに古墳時代の時点でこの地域の特徴であったらしく、国名「長門」がくぼんだ瀬戸、つまり関門海峡を指すことは定説となっている。「周防」の方の由来は明らかではない。両国ともに記録上に国司が設置されたことが出るのは7世紀中盤のことであるため、つまりそれ以前に範囲としては成立していたと考えられている。周防の国府は現在の防府市に置かれ、長門国府は豊浦郡（下関市の一帯）にあったといわれている。また、銅の生産が古代においては特筆すべき点であり、奈良の大仏の鋳造にあたっては、長門の銅が用いられたといわれている。伝説かと思われていたこの鉱山は、近年になって秋吉台の近くの鉱山で奈良時代のものとみられる須恵器が発見されたことで現実味を帯びた。この銅は奈良時代から平安時代において断続的におこなわれていた銭の鋳造のうち、後期のものについて使用され、長門、後に周防へと移転し鋳銭司（律令制下で銭を作る役所）がおかれている。ただ、このころの銭は流通政策をうまく運用できずほとんど使われなかった。

　平安時代、海上においては遣唐使船が周防沿岸を通過したうえで関門海峡を通過し唐に向かっていたと推定されている。特に九州・大陸方面に向かう上で関門海峡は重要な航路であったのだが、一方でこの海峡は潮流激しく暗礁も多い難所で、後代まで船旅には相応の危険が伴った。

●中　世

　山陽道の西端、つまり九州にわたる入り口である長門・周防は当然なが

ら時の権力者にも重視されており、平家政権においても瀬戸内海航路の重視と合わせて一門の知行国となっている。そして、平家が最後に拠ったのも海峡の入り口にある彦島であり、1185年、ここで治承・寿永の乱（源平合戦）の最後となる壇ノ浦の戦いが起こり、平家は滅亡した。

鎌倉時代には長門・周防に守護がおかれたが、やや珍しい点として、1186年に周防が東大寺造営料国に指定されたことがある。治承・寿永の乱で炎上した東大寺の再建費用を負担するために実施されたものだが、この時には珍しく実際に東大寺の高僧が国衙（律令制における国の役所）の運営を取り仕切った。それが後々まで続いた結果、周防は諸国中でも珍しく国衙の実態が後年まで残る国となる。また、大陸との関係においては、この鎌倉時代、中国元の軍が筑前博多（福岡県）に攻め寄せたこと（元寇）をきっかけに、その筑前に近くかつ朝鮮半島に面した長門守護職の権限が沿岸警護などにおいて大幅に拡大され、「長門探題」と呼ばれるようになった。

この本州の中でも最も西側を占める、という利点は室町時代の後半にもさらに大きく発揮された。周防には中世ごろから多々良氏という在庁官人を由来とする武家がいたのだが、この多々良氏の末裔である大内氏が南北朝の騒乱に乗じて周防と長門の両国の実権を握り、守護となったことで室町時代を通じて瀬戸内海航路と朝鮮半島航路、つまり対中国貿易や後には南蛮貿易に大きな権力を握る大勢力となる。数回の掣肘を室町幕府から受けつつも、大内氏の繁栄は長期にわたって続き、特に大内義隆の代には博多港を含む北九州地域をも支配したことによる貿易の利や、領内石見銀山（島根県）の開発などを受けて国内屈指の財力を持った。それは文化の面でも、当時本拠地であった山口が「西の京」とさえ称される都市として発展したことに知られている。

しかし、その栄華は1551年、領国への重税や奢侈に反感を持った重臣の一人、陶晴賢によって義隆が殺されたことと、それに引き続く大内氏家臣での内紛による山口の炎上、さらに領国への毛利氏の進出によって終焉を迎えた。毛利氏はそのまま中国地方の大半を支配するが、その本拠地はあくまで隣国安芸であった。

しかし、1600年に毛利輝元を西方の総大将とした関ヶ原の戦いで西軍が敗北し、処分が吉川広家のとりなしで周防・長門両国への削減にとどまったことで、近世が始まる。

●近　世

　毛利輝元は関ヶ原の戦いから数年後に山口にいったん入ったが、山口はかつてより衰退しているうえに、東西に走る街道や海からもやや離れており、新城の建築が急務となっていた。かくして古くからの山口、瀬戸内海航路と山陽道の双方に近い三田尻、陸路は悪いものの海に直接面した萩を候補地として幕府に伺いを立てた結果、萩を推薦されたことにより、現在の萩城が築城された。ただ、三田尻は前期においては毛利氏の参勤交代における海路の出発点として、それ以降も港町として栄えており、山口はその萩と三田尻とを結ぶ街道の中間点として命脈を保つことになる。また、減封されたとは言え広大な領土にはいくつかの分家が配され、筆頭格は下関近くの長府の毛利家、また微妙な関係ではあるものの岩国の吉川家、さらに徳山の毛利家などがあった。

　領地を2か国に減らされ、また戦国時代以来の家臣も多数いたため毛利家は早くから財政難に悩んだが、同時に早くから特産品育成や商業重視策も取られた。下関港はこの時期、西廻り航路の主要港として「西の浪華」といわれるほどの繁栄を誇り、また三田尻などの主要港も多数抱えていたためもあって、海運は早くから注目されたのである。「防長三白」と呼ばれる米・紙・塩の生産と販売には、海運が重要な役割を果たしたことが知られている。さらに特筆すべきは「撫育方」と呼ばれる特別会計の制度が取られていたことである。この特別会計から新田開発や特産品開発、港湾整備などが行われ、さらに通常の会計とは厳しく区別されていたという。かくして財政難ではあったものの長州藩には緊急時に使用できる資金の積み立てができ、幕末へとつながっている。

●近　代

　長崎に比較的近い西国の諸藩は早くから海防に興味を示したことが知られているが、長州藩も例外ではなく、アヘン戦争以来の情報で海防策が始まっている。しかし、特異な点として長州藩では開国論・攘夷論などが入り乱れてかなりの議論となり、一時攘夷派が藩の実権を握っている。そのような中で、1863年、関門海峡を通る外国船への砲撃を強行するが、翌1864年には報復として欧米四ヶ国による下関の砲台への砲撃が行われ、さらに同年の禁門の変をきっかけとして幕府により第一次長州征伐の準備が

される中、長州藩の攘夷派の多くも、もはや単純な外国人攻撃は無理という方針になりつつあった。かくして再度の短期間の藩内戦の後で有名な薩長同盟が結ばれ、撫育方の資金から武器購入の資金が放出。これに対して今度は実際に出兵を受けた第二次長州征伐では、大竹・屋代島・石見方面・小倉方面の4つの藩境の各地で戦闘となり、幕府軍に対して善戦。このことが幕府の威信を大きく下げる結果となり、大政奉還と新政府の成立につながった。

　1871年の廃藩置県では、旧長州藩とその支藩をそれぞれ管轄する県が設置された後、同年中にそれらすべてが山口県に統合。これをもって現在の県域が成立する。なお、山口県の県名は、先立つ1863年に、海から砲撃されることへの警戒から、藩庁を萩から山口に移す作業が始まっていたことによる。このため、県庁所在地も山口のままとなった。

　これ以降の山口県は、中国地方西端の交通の要所として発展する。第二次世界大戦前における山口県は大陸や筑豊炭田からの資源にも近い土地であり、南部の周防地域では宇部の石炭を中心とした工業地帯や、岩国などのようなかつての塩田や新開地を利用した工業地帯が大正時代にかけて急速に発達し、また下関港は朝鮮半島や大陸への航路の入り口としてにぎわった。関連して、下関は1894年の日清戦争講和条約（下関条約）の締結地として知られている。また、幕末の経緯から長州藩の出身者が伊藤博文などをはじめとして多数が政府の高官となり、いわゆる「藩閥政治」とも呼ばれている。

　現代においては交通の高速化によって、秋吉台をはじめとした自然や、萩などに残る江戸時代・明治時代の街並みは観光資源になっており、近年では、山口の町に残る古い庭園や塔や街並みが、ニューヨークタイムズで紹介され時ならぬ外国人観光客の増加を招いたことも話題になった。

　また、水産業ではフグをはじめとした海産物が豊富で、近年では下関での商業捕鯨が再開し、水産加工業も盛んである。岩国や周南をはじめ工業も一定の地歩を占める。

【参考文献】
・小川国治編『山口県の歴史』山川出版社、2012
・長谷川博史『大内氏の興亡と西日本社会』吉川弘文館、2020
・田中彰『長州藩と明治維新』吉川弘文館、1998

I

歴史の文化編

遺　跡

長州藩銭座跡遺跡（寛永通宝）

地域の特色　　山口県は、本州の最西端に位置する県。県の東北部は島根県、東部は広島県に接しており、南部は瀬戸内海を隔て四国、九州にも近く、西は関門海峡を挟んで九州の福岡県と対している。中央部を東西になだらかな中国山地が走り、山がちのため河川はいずれも流路が短い。そのため広い沖積平野は発達せず、平地は少ない。3面を海に囲まれており、海岸線の総延長は約1,500kmに達する。北は日本海、南は瀬戸内海（周防灘）、西は響灘で、響灘を越えて北北西約200kmで朝鮮半島に至る。こうした地理的な特質もあり、古くから大陸との交通の要所であったと考えられ、土井ヶ浜遺跡をはじめとして、弥生時代の遺跡も多数認められている。県内の遺跡は3,000カ所あまりを数える。

　また、県内には第三紀鮮新世～第四紀に活発な活動を示した火山帯が存在し、それが火山景観や温泉を生じさせたほか、さまざまな金属資源をもたらすことにもなった。なお、日本最大のカルスト台地である秋吉台があり、その下に著名な秋芳洞（鍾乳洞）がある。

　古代には、県域東部には周防国、西部には長門国が置かれ、それぞれ、国府が防府市と、長府（下関市）に置かれた。本文でも指摘しているが、奈良東大寺大仏の鋳造には、美祢市産出の銅が使用されている。また、平家により焼失した東大寺の再建に際し、周防国は造営料国となった。中世以後、周防国衙の役人であった大内氏が勢力を伸ばし、守護大名から戦国大名へと約200年以上にわたり周防、長門を支配した。大内氏はほかにも豊前、筑前の守護を兼ねており、安芸、石見、肥前にもその力が及んだ。その後、戦国時代には、大内氏などを破った毛利氏が県域内を含む中国地方の8カ国を領有したが、関ヶ原の戦いに敗れた後、防長両国で公称約36万9,000石に削封された。以後、萩に城を築き、城下町とした。ほかに、西に長州長府藩5万8,000石・同清末藩1万石、南に周防徳山藩3万石、東に同岩国藩4万5,000石の毛利氏一族の支藩が分知された。

12　　凡例　史：国特別史跡・国史跡に指定されている遺跡

いわゆる幕末の動乱に際して、1863（文久3）年、藩庁を山口に移転。翌年には幕府による長州征伐を受ける。その後、山口から萩に藩庁を戻すが、1866（慶応2）年には再び山口に移され、明治維新を迎える。1871年7月、廃藩置県で山口県・岩国県・豊浦県・清末県の4県が成立。同年11月、これらが合併し現在の県域が確定した。

主な遺跡

岩田（いわた）遺跡
＊熊毛郡平生町：熊毛半島西岸、荒木川の扇状地上、標高8mに位置　[時代]　縄文時代後期～弥生時代前期

　1952年に発掘が始められ、継続的に調査が行われた。扇状地の扇端部、湧水帯につくられたドングリの貯蔵穴や甕棺墓（かめかんぼ）が検出されている。縄文土器の多くは瀬戸内系であるが、後期後半には九州系土器も認められた。加えて土偶や岩版、石皿、磨石、砥石と甑（こしき）の機能をもつと思われる底に穿孔のある土器、木製品などが出土している。縄文時代の遺跡として、その規模は瀬戸内地域でも有数を誇る。

土井ヶ浜（どいがはま）遺跡
＊下関市：響灘に面した旧砂堆、標高約6mに位置
[時代]　弥生時代前期～中期　　　　　　　　　　　　　　　[史]

　1931年に発見され、戦後1951年より85年まで継続して調査が行われた。埋葬施設として、箱式石棺、石囲い式、土坑墓（どこうぼ）があり、約300体以上の人骨や副葬品が検出された。埋葬区域によっては、頭位方向が東に規制されるほか、人骨密度や抜歯の頻度も異なり、何らかの集団の差異を示しているものと推測される。縄文時代の人骨よりも、平均身長が高く、渡来系の要素を多分に含んでいる。副葬品には、硬玉製勾玉・管玉、ガラス小玉、ゴホウラ製腕輪、貝指輪、シャコガイ製装身具などがある。弥生時代の集団墓地では全国有数のものであり、墓制や社会構成のあり方を解明するうえで貴重な遺跡といえる。墓地遺跡としては、吉母浜（よしもはま）遺跡（下関市）では、弥生時代前期～中期、中世の人骨が多数発掘されており、形質的には土井ヶ浜遺跡と近似した傾向をもつほか、中世人骨も弥生以来の高顔、高身長といった形質的特徴を残すものとして評価されている。

地蔵堂（じぞうどう）遺跡
＊下関市：綾羅木川左岸の小丘陵上、標高約44mに位置
[時代]　弥生時代

　1968年に宅地造成中、箱式石棺が1基発見された。東西軸で長さ130cm、内行花文鏡（ないこうかもんきょう）1面と管玉のほか、珍しい金銅製品が検出された。鍍金の施された2本の棒状製品は、中国の戦国から漢代に貴人の乗る車蓋（しゃがい）（傘）の骨

I　歴史の文化編　　13

の先端に装着された「蓋弓帽」で、日本では唯一の出土である。先端部が花弁状を呈し、花芯部に熊の頭部がつくり込まれていた。日本列島で出土した金銅製品でも最古級のものといえる。なお、周辺には弥生時代前期～中期の貯蔵穴用竪穴群が900基以上検出された綾羅木郷遺跡（下関市、国史跡）もあり、注目される。

白鳥古墳
＊熊毛郡平生町：大星山南西麓の丘陵上、標高18mに位置
時代　古墳時代中期

　江戸時代に発見され、仿製鏡2面や巴形銅器5個、鉄刀3片、管玉11個など出土した遺物が現存し、後円部墳丘上にある白鳥神社の御神宝として保管されている（県有形文化財）。全長120m（主軸は南北方向）、後円部径65m、高さ11mで、3段に築造されている。1980年の調査では幅20mの周溝と葺石が検出された。県内最大の前方後円墳であり、当地を支配した首長の墓と考えられる。なお、熊毛半島を隔てて東側、瀬戸内海に面した向山（標高75m）に位置する茶臼山古墳（柳内市）（全長79.5m、古墳時代前期）からは、古墳出土としては日本最大級の直径44.8cmを測る鼉龍鏡が出土している。

塔ノ尾古墳
＊防府市：防府平野の独立丘陵の中腹、標高107mに位置
時代　古墳時代後期

　1785年に毛利重就が桑山の地に納涼台を建設するために破壊されたもので、後に記された『桑山古墳私考』（斎藤貞宜著、1822〈文政5〉年刊）によれば、鏡2面、鉄刀3口、鉄矛5振、鉄鏃、鈴、輪鐙、旗竿の装飾、飾履、杏葉、練玉、管玉、ガラス玉、須恵器壺、杯、高杯が出土したとされる。出土した遺物は桑山山頂に再埋納されたとされ、貞宜が聖徳太子の弟である来目皇子の陵墓と想定したことから、明治以後は山頂が宮内庁用地となっている。

周防国衙跡
＊防府市：多々良山と三田尻湾の間に広がる海岸段丘上、標高11mに位置　時代　奈良時代～平安時代　史

　戦前より関心がもたれ、1937年には国史跡に指定された。発掘調査は、1961年より行われており、中世史料に見られる「土居八丁」から想定される、8町四方の府域の築地土壇の一部が検出されて、位置が明らかになりつつある。また、国衙も南北に走る中央の大路を軸として、中央やや北寄りにあり、2町四方の土壇や築地も認められた。この国府から北西700mほどに周防国分寺跡があり、発掘調査によって溝や塀、塔跡などが検出されている。また、1503（文亀3）年に建てられた金堂が現存している。

なお、長門国府跡（下関市）は忌宮神社の境内付近に立地していたと推定されているが、遺構の遺存度が低く、明確な痕跡は検出されていない。

周防鋳銭司跡
＊山口市：西蓮寺山南麓の沖積段丘上、標高5m前後に位置　時代　平安時代　史

1965、71、72年に調査が行われ、炉跡や井戸、掘立柱建物跡などの工房関連の遺構が検出された。遺物には、「長年大寶」や鞴口、坩堝、「宗□」銘の印を捺した封泥板などが出土している。なお江戸時代に掘り出された和同開珎の「銭笵」も伝えられる長門鋳銭司（下関市）（覚苑寺境内・国指定史跡）が廃止された後に、825（天長2）年に設置されたと考えられ、皇朝十二銭のうち、「富寿神寶」以降8種の銭を鋳造したと考えられている。平安時代の歴史書『日本紀略』には、940（天慶3）年に藤原純友によって襲撃されたことが知られている。

大内氏館跡
＊山口市：椹野川支流一の坂川右岸の河岸段丘上、標高約40mに位置　時代　南北朝時代～戦国時代　史

1978年より発掘調査が継続して行われており、多くの遺構が発見された。1360（正平15）年に、大内弘世が大内御堀（山口市）からこの地に館を移し、西の京として京都を模して、町づくりをしたといわれるが、発掘調査の成果では時代はいま少し下るものと考えられている。館の規模は、現在の龍福寺境内とほぼ一致する100間四方の敷地を堀と土塁で囲んでいたといわれる。大内氏歴代の当主はここで政務をとり、約200年間政治、経済の中心地になる。大内義隆の代には京より公家や文化人を呼び寄せ、名実ともに西の京として繁栄した。

発掘調査の成果としては、館跡の西辺に相当する石組溝や門柱跡が発見されたほか、庭園跡が複数検出された。敷地南東部に位置する2号庭園跡は中央部に池を有する池泉式庭園で、2011年には16世紀前半から中頃を想定し復元整備されている。遺物では、饗宴で使用されたと想定される大量のかわらけや貿易陶磁器など、多数の生活財が検出されたほか、金箔を貼った瓦も検出されている。周辺の町も居館の整備とともに発展し、溝で区画された町割りなどに、京都的な要素を認めることができる。

西の京として栄えた山口だが、1556（弘治2）年に毛利元就が山口に侵攻し、時の当主大内義長が館を放棄して逃亡、役割を終えた。その後の1569（永禄12）年、大内輝弘（大内義興の弟隆弘の子）が山口奪還を図るが毛利氏に撃退され、その折山口の町は灰燼に帰した。

I　歴史の文化編

長州藩銭座跡

＊美祢市：中国山地西端部の小盆地、銭屋川右岸、標高約210mに位置 　時代　江戸時代

　1637（寛永14）年、萩藩によって開設された寛永通寶の鋳造所である。1986年、県教育委員会によって発掘調査が行われた。屋敷図面（『美祢郡赤村新銭鋳造木屋床普請差図』）が県文書館に所蔵されており、発掘では指図に描かれる柵の柱穴列や建物跡、溝を検出したほか、坩堝300点以上、砥石40点、古寛永通宝20枚などが出土している。鋳銭停止令が幕府より出される1640（寛永17）年11月まで存続したと考えられるが、伝承ではその後も秘かに鋳銭を行い、藩命により1665（寛文5）年に焼き払われたともいわれる。また周辺地域でも、県道改良工事に伴い発掘調査が1999年より断続的に行われ、銭屋遺跡（美祢市）からは近世期の大型炉跡やからみ山などの遺構を検出したほか、炉壁、相場、羽口などの製錬関係遺物なども出土し、製錬工房跡と想定されている。

　遺跡近くには和同開珎や奈良東大寺大仏の材料となった銅を採掘した長登銅山（美祢市、国指定史跡）がある。ほかにも県内には鉱産資源が豊富に産出するため、古代より鋳銭が盛んに行われていたものと考えられる。

国宝／重要文化財

鉄宝塔

地域の特性

　本州の最西端に位置し、北側は日本海に面して大陸に近く、南側は瀬戸内海に面している。南西端の関門海峡をはさんで、九州と接している。高山や広い平野がない低山性の地形で、平地が乏しい。県央部では山口盆地や防府平野が広がる。内陸の山口は中世に城下町として栄えた。沿岸部では重化学工業が発達している。県東部は平地が少ないが、岩国では石油化学コンビナートが形成され、またアメリカ軍基地があることで有名である。県西部の下関は古代から海関として重視され、交易と漁業の本拠地となった。沿岸部では新興工業都市が発展し、交通整備も進んで都市化が著しい。県北部は日本海に臨み、人口は少なく、開発の遅れた農漁業地域である。近世の城下町である萩は観光都市としてにぎわっている。

　古くから畿内と九州・四国とを結ぶ海上の要路に位置していた。古代末期の壇ノ浦の合戦で平氏が最終的に敗北し、中世の武家社会へと進展した。室町時代には、百済王の子孫である大内氏が、朝鮮李王朝と明との交易によって繁栄した。大内氏の根拠地山口に雪舟が移り住んだり、フランシスコ・ザビエルがキリスト教を布教したりして、文化的にも豊かになった。戦国時代には毛利氏が中国一円を支配したが、関ヶ原の戦いで毛利氏は西軍側について敗れ、大幅に領地を失った。江戸時代に毛利氏の長州藩36万9,400石と、四つの支藩が置かれた。明治維新の廃藩置県でそれぞれの藩に県が設置された後、現在の山口県に統合された。

国宝／重要文化財の特色

　美術工芸品の国宝は6件、重要文化財は91件である。鎌倉時代に東大寺再建のため重源が創建した阿弥陀寺、旧長州藩主毛利氏の伝来品を収蔵・展示する毛利博物館、旧岩国藩主吉川氏の伝来品を収蔵・展示する吉川史料館に国宝／重要文化財が多くある。建造物の国宝は3件、重要文化財は

凡例　●：国宝、◎：重要文化財

35件である。

●古今和歌集　防府市の毛利博物館で収蔵・展示。平安時代後期の書跡。古今和歌集の最古の写本で、全20巻のうちの巻8である。古今和歌集は紀友則、紀貫之、凡河内躬恒、壬生忠岑によって905年に撰集された最初の勅撰和歌集である。多くの写本が作成されたが、現在最も古いとされているのは、高野切本と呼ばれる11世紀中頃に書写されたものである。その一部を豊臣秀吉が高野山文殊院に与えて伝来したので、高野切と称されるようになった。高野切本は3人の能書によって書写されたと考えられ、第1種、第2種、第3種に分類されている。毛利博物館所蔵の古今和歌集は巻8の完本で、巻子装の原形をとどめた状態で伝来した稀有な例である。麻を素材にした白麻紙に雲母砂子をまいたキラキラと輝く料紙に、やや小粒で流麗な仮名が連綿する。書風は第2種に属し、筆者は源 兼行と推測されている。勅撰の古今和歌集によって、女性の筆記する女手の仮名が、初めて公的文字として認められた。古今和歌集の高野切本は文学史的に価値があるだけでなく、仮名の成熟を示す書道史の重要な到達点を見せている。また奈良時代に盛行して平安時代にほとんど姿を消した麻紙の料紙は、美術史的にも貴重である。

●鉄宝塔　防府市の阿弥陀寺の所蔵。鎌倉時代前期の工芸品。東大寺再興に尽力した重源が1197年に造立した鋳鉄製の宝塔である。東大寺は兵火により1180年に焼失した。東大寺再興の大勧進となった重源は西日本各地に7か所の別所を設けた。周防国（山口県）には大仏殿再建のための材木を運び出す別所として阿弥陀寺を建立した。寺には、杣山から伐り出された用材に刻印するための、鉄製東大寺槌印が残されている。鉄宝塔は総高301.3cmで、下から方形の基壇、円筒形の塔身、宝形造の屋蓋、相輪の4部分からなり、相輪は江戸時代の補作である。素朴ながらも重厚な造作で、五輪塔に似た形姿である。塔身の軸部は中ほどから下へやや膨らみ、正面に長方形の窓がある。おそらく窓には、当初観音開きの扉があったと思われる。方形基壇の四側面中央にそれぞれ金剛界四方4仏の種字を配し、その左右に肉太でしっかりとした筆致で銘文が鋳出されている。銘文には阿弥陀寺の四至、本尊、諸堂、造寺起塔の趣旨、勧進、檀那、奉行名、造立年月、鋳工人名などが詳細に記され、史料的重要性を際立たせている。塔身内に小型の水晶製五輪塔が安置されているが、屋蓋に相当する火輪が三角錐形で、重源の考案した独特な五輪塔形式とさ

●四季山水図

防府市の毛利博物館で収蔵・展示。室町時代中期の絵画。雪舟（1420〜1506年頃）が1486年に完成させた水墨画の記念碑的大作である。雪舟は備中（岡山県西部）に生まれ、30歳代まで京都の相国寺にいた。その後相国寺を出て周防に行き、対明貿易で栄えていた大内氏の庇護を受けて山口の雲谷庵に住んだ。この頃、すでに画僧として高名になっていた。48歳で中国へわたり宋・元・明の絵画を会得して、2年後に帰国した。しばらく北部九州に滞在した後、各地を旅して絵を描き、再び周防に戻って、大内政弘によって再興された雲谷庵に入り、67歳の時に四季山水図を画き上げた。四季山水図は全長1,586cmもある長大な画巻で、一般に山水長巻と呼ばれる。大内氏に献じられたと推測されている。巻頭は深緑の樹木が茂る険しい岩間の小径を一人の高士が上る。視野が開けて楼閣が見えるが、再び山中となって石橋を高士と童子が歩む。水色の大河に幾艘もの船がただよう夏の景色となる。対岸に人のたたずむ洞窟が見えて、山間には高い塔が立つ。小河を越えて小村があり、太鼓橋を渡っていくと秋の収穫後ににぎわう山の市場に達する。そして雪山を背にした城壁の市街となって、画巻は終わる。日本および中国を踏破して悟った自然の哲理を、四季の風景に合わせて、雄大な構図と緻密な描写によって集大成させた傑作である。

●住吉神社本殿

下関市にある。室町時代前期の神社。大内氏繁栄の基礎を築いたとされる大内弘世によって、1370年に再建された。1間社の神殿5棟を、相の間を隔てて横1列に並べ、全体で1棟の9間社流造とした珍しい構造である。屋根は檜皮葺で、各神殿の部分に三角形の千鳥破風を設ける。9間の向拝が付いて、各柱間ごとに蟇股がある。各神殿の正面には朱塗の板扉、相の間の正面には引違の杉戸がある。前面と側面に縁をめぐらし、各神殿の前に階段、相の間の前と側面に高欄が付く。一見すると横長の建物のように見えるが、屋根に五つの千鳥破風が並ぶ特異な外観をしている。本殿の前に拝殿がある。毛利元就が1539年に建立したもので、桁行3間、梁間1間の切妻造、妻入り、檜皮葺である。壁がなく、四方を吹き放しの開放にしている。

●瑠璃光寺五重塔

山口市にある。室町時代中期の寺院。守護大名の大内盛見が、兄義弘（1356〜99年）の霊を弔うため1442年に建立した五重塔である。瑠璃光寺には、かつて大内義弘

I　歴史の文化編　19

が室町時代前期に造営した臨済宗の香積寺(こうしゃくじ)があり、その禅宗寺院に大内盛見が五重塔を建立したのである。1604年に毛利氏が萩城の築城に着手し、1616年には大内義弘の菩提寺だった香積寺の伽藍を解体して、萩城域の用材として移した。五重塔も解体されそうになったが、地元住民たちの猛反対にあって、塔はそのまま残された。一方、瑠璃光寺は、大内氏の重臣であった陶弘房の夫人が、夫の菩提寺として1471年に吉敷郡仁保村(よしきぐんにほむら)に建立した寺院で、1690年に旧香積寺の跡地だった現在地に移ってきたのである。五重塔は高さ31.2m、方3間で和様を基調にする。初重の柱間(はしらま)には板扉と連子窓があり、二重にだけ縁と高欄が付いている。屋根の軒が長い割には塔身の幅が狭いので、全体にしまって見え、安定した外観である。軒先の反り上りがくっきりとしている。内部中央に心柱が通り、四天柱(てんばしら)間には珍しい円形の須弥壇(しゅみだん)が設けられている。

◎正八幡宮(しょうはちまんぐう)

山口市にある。江戸時代中期の神社。正八幡宮は、外敵からの護りとして大分県宇佐から八幡神を勧請(かんじょう)したのが始まりとされ、1501年に大内義興(おおうちよしおき)によって現在地に移された。その後、長州藩6代藩主毛利宗広(もうりむねひろ)が1740年に現在の社殿を建立した。本殿、拝殿、楼門(ろうもん)および庁屋によって構成される。本殿は大型の3間社流造(ながれづくり)で、屋根は檜皮葺(ひわだぶき)、前面と側面の三方に高欄付きの縁が回る。現在、屋根を除いて本殿の周囲を覆屋(おおいや)がおおい、本殿の外観を見通すのは困難である。拝殿は桁行3間、梁間3間の入母屋造(いりもやづくり)で檜皮葺、前面と側面の三方に縁が回り、正面と向かって右側に石の階段を設ける。2階建の楼門は拝殿のすぐ前にあり、1間1戸の入母屋造で檜皮葺、扉がなく開放されていて、正面に唐破風(からはふ)の向拝が付く。楼門の左右にそれぞれ桁行5間、梁間1間の壁のない庁屋(翼廊(よくろう))があり、端部は後方へ直角に曲がって2間伸び、回廊のように拝殿側に向かう。蟇股(かえるまた)、虹梁(こうりょう)などに施された装飾は、江戸時代中期の特徴を示す。楼拝殿造(ろうはいでんづくり)と呼ばれる翼廊の付いた楼門に、軒を接するように社殿を並べた神社は、山口地方に独特な建築様式で、同市内の今八幡宮(いまはちまんぐう)も、翼廊付き楼門に、拝殿、本殿が接して建っている。

☞ そのほかの主な国宝／重要文化財一覧

	時代	種別	名称	保管・所有
1	奈良	考古資料	◎長門国鋳銭遺物	長府博物館
2	平安	彫刻	◎木造四天王立像	国分寺（防府市）
3	平安	彫刻	◎木造観音立像	南明寺
4	平安	彫刻	◎木造大日如来坐像	竜蔵寺
5	鎌倉	絵画	◎紙本著色松崎天神縁起	防府天満宮
6	鎌倉	彫刻	◎木造平子重経（沙弥西仁）坐像	源久寺
7	鎌倉～江戸	古文書	◎熊谷家文書	山口県文書館
8	鎌倉	考古資料	◎鉄印（東大寺槌印）	阿弥陀寺
9	南北朝	彫刻	◎木造赤童子立像	大照院
10	室町	絵画	◎紙本墨画山水図（雪舟筆）	山口県立美術館
11	室町	典籍	◎元亨釈書（吉川経基筆）	吉川史料館
12	室町	歴史資料	◎大内氏勘合貿易印等関係資料	毛利博物館
13	桃山	絵画	◎絹本著色毛利元就像	毛利博物館
14	江戸	歴史資料	◎正徳元年朝鮮通信使進物並進物目録	山口博物館
15	中国／唐	彫刻	◎木造十一面観音立像	神福寺
16	平安後期	寺院	◎月輪寺薬師堂	月輪寺
17	鎌倉後期	寺院	●功山寺仏殿	功山寺
18	室町中期	寺院	◎洞春寺観音堂	洞春寺
19	室町後期	神社	◎今八幡宮本殿・拝殿・楼門	今八幡宮
20	江戸中期～後期	寺院	◎東光寺	東光寺
21	江戸中期～後期	民家	◎菊屋家住宅（萩市呉服町）	菊屋家住宅保存会
22	江戸後期	民家	◎草川家住宅（長門市通）	―
23	明治	官公庁舎	◎旧下関英国領事館	下関市
24	明治	産業	◎旧小野田セメント製造株式会社竪窯	太平洋セメント
25	大正	官公庁舎	◎山口県旧県庁舎及び県会議事堂	山口県

I 歴史の文化編

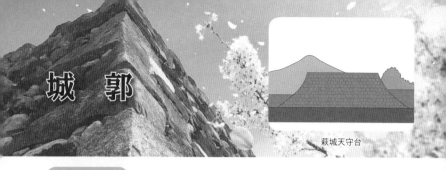

萩城天守台

地域の特色

　山口県は周防国と長門国の2か国からなる。古代には神籠石式山城が当時の瀬戸内の要衝だった石城山に築かれていて、城域には、山頂付近にある石城神社から2.5kmにわたり谷間を石塁がめぐる。古代大和朝廷は長門国府を中心として山城を築いたのである。

　平安末には霜降山城の厚東氏、豊田一の瀬城の豊田氏が在地武士化した。源平合戦の頃から大内氏が山口を本拠に活躍。瀬戸内海では青景氏の青景城、伊佐氏の伊佐城などが築かれた。蒙古襲来以降、幕府は長門探題を中国探題に格上げして、西国鎮護の要として、その役割を強化し、運営にあたった。

　南北朝争乱期には厚東氏が大内氏との四王司山合戦で滅び、長門は大内氏配下となり、中国地方の大勢力となる。大内氏は山口の高嶺城と姫山城、さらに本郷の沼城も拠点としていた。戦国期に大内氏は重臣の陶氏によって滅ぼされるが、毛利氏が陶氏を破った。毛利氏は玖珂の鞍掛城、徳山の沼城も降し、隣国の安芸の吉田郡山城を本拠とした。毛利氏は周知の通り戦国大名、さらには豊臣大名に成長する。大内氏一族の鷲頭氏の拠った亀山城、深川城は戦国城郭の代表的な遺構で、長府の櫛崎城は水軍の本拠である。瀬戸内海には、瀬戸内海海賊城と呼ばれる水軍基地の港湾を有する城として下関の櫛崎城、熊毛郡の上関城がよく知られている。

　近世になると、周防に領地が与えられ吉川広家が慶長8 (1603) 年、山城で錦川に臨む岩国城に入った。陣屋には錦帯橋を大手にして、重臣屋敷を構えていた。山上には四層六階の天守があがっていたが、最上階が下層の四階より平面が大きく「南蛮造り天守」と呼ばれた。南蛮造り天守は小倉城天守も同様で、元和元 (1615) 年、一国一城令が発せられ、名目上毛利領の一部になった岩国城は廃城となり、吉川氏は麓の陣屋へと移った。一方、長門の萩城は毛利領国の政治中心となり明治に至った。

主な城

一ノ瀬城
別名 高熊城、豊田城、松尾山城　**所在** 下関市豊田町一ノ瀬
遺構 土塁、堀

　豊田氏の本城。標高186mの山にあり、麓に居館があった。豊田氏は、大内氏や厚東氏と並ぶ周防国の有力な武家勢力であった。

　正平6(1351)年、12代豊田種長の子種本は足利直冬に属して厚東氏の臣小野氏を光富（今の下関市王司）に破ったが、同年の暮近く、厚東、小野両軍に攻められ敗北した。翌7(1352)年の11月、直冬は敗残の身を一ノ瀬城に寄せ、密かに九州の菊池氏と再挙を企てた。

　同8(1353)年、大内弘世とともに北朝方と戦ったが、その後、大内氏の長門進出が始まり、弘世は同13(1358)年、厚東氏の霜降城を攻略して南朝より長門守護の位を与えられ、同14(1359)年、厚東氏一党を四王司山城に破った。同18(1363)年、北朝に降り、北朝より周防、長門守護となった。戦国時代は、大内氏に従い先に滅亡した。

石城山神籠石
所在 光市塩田（岩城山）　**遺構** 土塁、石塁、水門、城門址　**史跡** 国指定史跡

　石城山は標高362m前後の5つの峰からなり、各峰の8合目のライン上のところを土塁、列石が総延長約2.5kmにわたり取り囲んでいる。ほかの神籠石が最高地点を起点とし、左右に延びる尾根の稜線上またはその直下に石列や土塁が数か所の谷を包含する形であるのとは異なる。西寄りの石城神社を中心に石城神社の南北の高まり、中央2か所の高まり、東水門の北側高まりと西・南・東南・東・北の谷間の出口を取り囲むようにある形で土塁が構えられる。水門は東・西・南・北の4か所の谷間にあり、門跡は北中央と東南にある。城門は東門と北門の2か所に門址がある。北門には門礎石があり「沓石」と呼ばれる。住居や倉庫は確認されていない。

岩国城
別名 横山城　**所在** 岩国市横山　**遺構** 石垣、堀、復興天守

　出雲、伯耆11万石の富田城主吉川広家は、毛利元就の孫にあたる。慶長5(1600)年、関ヶ原の戦いに西軍の盟主として東軍と戦った広島城主毛利輝元は敗れて周防、長門2か国に削封されて、長門萩城に移り、広家も岩国3万石に転じた。広家は毛利領の外郭第一線として堅固な築城を考え、

Ⅰ　歴史の文化編　　23

岩国の横山を選んだ。

　岩国城は横山山頂に要害を築き、その南麓に平常の居館を構え、二つを合わせて構成された。そのためか山頂の要害を特に横山城と呼び、麓の居館を土居と称している。土居はさらに上下二つに分かれ、藩主平常の居住と藩庁であった。土居は横山のほぼ中央に位置し、山を背にして東南に向かい、三面に堀が廻った。山頂の要害は土居の普請に引き続いて行われたが、翌8年頃から5年の年月を経て同13年に完成した。横山には、本丸を中心に二の丸と北の丸を配し、周囲に5基の櫓を設けた。本丸北隅には、三層四階の望楼型天守をあげた。俗に「南蛮造り」といわれる下層より上層が一回り大きい独特の外観を持つ天守であった。一国一城令による廃城の際、取り除かれて、天守台土塁が残る。現在の天守は、錦帯橋との景観に配慮して旧状よりも30m西側に移して、昭和37（1962）年復興した。

　山麓の土居は、吉川氏13代の居館として明治維新まで維持され続けた。広家苦心の岩国城も幕府の一国一城令には抗し得ず、元和元（1615）年に廃城になった。着工から数えて13年、そのうち工事期間が5年、城としては7年の存立だった。幕末の岩国藩は幕府打倒の急先鋒となり、長州戦争では幕府の大軍を安芸、周防の国境に迎撃し、徹底的に打ち破った。

　名勝錦帯橋は、大手橋に相当する。3代広嘉が毎年の洪水に橋が流失するので、架橋に工夫をこらし、ある日平らなカキ餅が焼けてそり返り、いくら押さえてもはね上がるのを見て、ヒントを得たという説、当時、明の禅僧が広嘉に献じた「西湖誌」にあるアーチ型の橋からという説もある。

　延宝元（1673）年に竣工したが、錦川の洪水により流失して、改良しながら現在に至る。

勝山城（かつやま）

別名 且山城　**所在** 下関市勝山　**遺構** 石垣、堀
史跡 国指定史跡

　下関市には二つの勝山城がある。一つは大内氏滅亡の場となった中世の勝山城。もう一つは幕末に勝山御殿と称された勝山城である。

　中世勝山城は永和4（1378）年、大内氏の臣、永富嗣光が在城したのが初見である。その後、相良氏や内藤興盛が居城した。天文20（1551）年、山口を追われた大内義長は興盛の孫隆世とともに勝山城に入った。弘治3（1557）年4月、毛利方の福原貞俊はこれを囲み、隆世が自刃と引き換えに囲みを解くと使者を送ったことから隆世は自刃するが、囲みが解かれるこ

とはなく、翌日義長は長福寺（功山寺）で自刃。大内氏は滅亡した。

幕末の勝山城（勝山御殿）は、長府陣屋が海岸に近いため、より内陸に居所を移転した。中世勝山城の南麓に階段状に本丸、二の丸、三の丸を連ね石垣を構築した。現在は発掘調査に基づいて公園として整備されている。

上関城(かみのせき)　所在 熊毛郡上関町長島　遺構 石垣

能島水軍村上吉敏が拠ったところ、海関を設け代々この要衝に居城した。

大内氏は村上氏が上関で通行料や警固料を徴収することを認めていた。天文20（1551）年大内義隆が陶晴賢に討たれると、上関周辺は一気に緊張したことで、上関城も通行料徴収の見張所から軍事的拠点へと変化した。

弘治元（1555）年、毛利元就が安芸厳島で陶晴賢を討った際、村上武吉は元就に味方し、厳島合戦は元就の勝利となった。天正12（1584）年、能島村上氏は毛利氏の傘下に入り、毛利水軍の一翼を担った。

櫛崎城(くしざき)　別名 雄勝山城、長府城　所在 下関市長府宮崎町　遺構 石垣

本州の西端、瀬戸内への入口の下関は古代日本にとって政治、外交、文化に重要な地であり、長門国府も近くにおかれていた。櫛崎城は下関海峡に半島状に突き出した丘陵に築かれた。

櫛崎城は天慶3（940）年稲村景家が長府城に在城とするのが初見で、伊予の藤原純友が反乱を起こしたときである。

慶長5（1600）年、関ヶ原の戦い後に毛利輝元が防長2国に減封されると、その内から毛利秀元が3万6千余石を与えられ、ここを居城として、城を大改修した。

元和元（1615）年一国一城令で城は破却され、西麓の居館に長府陣屋が構えられた。現在、本丸には天守台が保存整備され、西麓には松崎口から南方に延びる石垣が140mにわたって現存している。

四王寺山城(しおうじやま)　所在 下関市長府四王司町

厚狭郡棚井の霜降城を本拠とする厚東武実は、南北朝の天皇方（宮方）につき、長門探題北条時直を攻め、建武元（1334）年長門守護となった。しかし延元元（1336）年足利尊氏の東上に味方する。武実の子武村も貞和4（1348）年守護となり、守護代富永武通を当城入れ、後に自らも入城した。

Ⅰ　歴史の文化編

正平6（1351）年、長門を手中にしようとした南朝方国守護の大内弘世はこの城を陶弘綱に攻めさせた。半年余の攻防戦で武村は討死して、落城した。

四王司山城は、標高391ｍで勝山城の東方にある。古代山城の一つ長門城の有力な推定地でもある。山頂の四王司神社を軸に壇状に削平地が取り囲んでいる構造は、寺院の僧坊の造り方と類似し、古代四王寺の痕跡地を厚東氏が城として利用したと考えられている。

敷山城（しきやま）
所在 防府市牟礼　遺構 石垣、礎石、寺坊跡　史跡 国指定史跡

建武の中興に周防国司上人（周防において名目の国司とは別に国務を勤めた僧）として法勝寺長老円観が補され、代官として葉仙房、摂津助公清尊（せっつのすけきみせそん）、助法眼教乗（すけのほうげんきょうじょう）が下向したという。建武の中興がくずれ、延元元（1336）年、足利尊氏が東上しての留守、清尊らは挙兵した。この報に尊氏は石見守護上野頼兼に馳せ向かわせるとともに、北朝の院宣を申し請けて清尊ら国府の全員を罷免。新たに国司上人となった戒壇院長老十達上人には国府の周囲8町の地を安堵し、諸公事を免除した。

国府を出た宮方は矢筈ヶ岳標高460ｍの8合目、敷山験観寺を一時の城とし、石見の小笠原蔵人三郎長光らと楯籠った。攻める上野頼兼は、近隣諸国の兵をもって攻撃した。城方はよく防いだが開城した。本堂跡には石垣がめぐり礎石も残る。

萩城（はぎ）
別名 指月城　所在 萩市堀内　遺構 石垣、堀、武家屋敷
史跡 国指定史跡

城地、指月山は、戦国時代に津和野城主吉見氏が出城を構え、後に吉見正頼が隠棲した所である。

慶長5（1600）年、関ヶ原の戦いで大坂城にあって豊臣秀頼を補佐し、石田三成に味方して敗れた毛利輝元は、従来の安芸、石見、出雲、伯耆、因幡、備後、長門、周防の8か国120万石を没収され、子の秀就に対し改めて長門、周防29万8千石が与えられ、毛利氏の本城は広島城から萩城に移る。

同8（1603）年、隠居の身であった輝元は、秀就幼少のため、山口に入り、領内に城地を求めた。萩の指月山、山口の鴻の峯、三田尻の3か所を候補地に挙げたが、幕府の裁定は萩に定まった。萩の指月山は海に臨んで要害、というのが理由である。しかし外様大名中の雄藩毛利氏の山陰の僻遠地（ゆう）に封じこめる幕府の政策からともいわれる。

同9（1604）年6月1日から縄張が行われ、工事は突貫作業で行われ、その年11月に輝元は入城した。その時は工事途中で本丸も式台、対面所、御座の間以外は、菰囲いで雨露をしのいでいた。突貫工事のため、家臣も苦しかったようである。同13（1608）年に城は一応完成し、以後、幕末に山口へ藩庁を移すまで、毛利氏代々の居城となった。

　毛利氏は萩城を本城として岩国、長府、徳山に一族を配したが、元和元（1615）年に発布された一国一城令により萩城のみを残してほかは表面上廃城となったが、陣屋を構築して領内統治の各拠点とした。

　萩城は指月山頂を詰の丸として麓に本丸、二の丸以下を構え、本丸には天守があげられた。天守は四層五階、松江城と同型の望楼天守で、白亜の総塗籠だった。

やまぐち 山口城
別名 山口屋形、山口政庁　**所在** 山口市滝町　**遺構** 城門、堀、石垣

　文久3（1863）年、毛利氏の居城萩城は北に片寄りすぎ、幕末の国事が多忙などに対するには不便なため、居所を山口へ移した。

　山口に移った時の当主敬親は、中河原の御茶屋を居館と定め、萩城にあった主な役所を順次山口に移した。山口は大村益次郎らの都市計画により新城下町として誕生する。しかし、御茶屋では狭く、大藩の面目もあって新しく築城した。これが、山口藩庁で、古く大内家の城であった高嶺城の麓にあり、南と西に堀を廻らし、中に屋形造りの建物を設けた簡素なものであった。今も城門、堀が残っている。

わかやま 若山城
別名 富田若山城、周防若山城　**所在** 周南市福川　**遺構** 石垣、堀

　大内氏の重臣、陶氏の本城として文明2（1470）年頃に築かれた。陶晴賢は大内氏を滅ぼし、弘治元（1555）年晴賢は毛利元就により厳島に敗死した。晴賢の留守を預かっていた長子長房は、追跡されて自刃した。

　同3（1557）年、毛利氏の周防平定に、若山城に残っていた長房の遺臣は降伏、毛利方の長屋小次郎が守将となった。その後、陶方の山口から毛利与三、野上内蔵助が来攻、城中にあった陶氏の降兵の内応により、城に火を放たれ、落城してしまう。与三、内蔵助を追った毛利氏は若山城を破却した。城は本丸・二の丸・三の丸・西の丸からなり、本丸は最も高い東部山頂にある。

Ⅰ　歴史の文化編　　27

戦国大名

山口県の戦国史

　室町時代、防長両国は大内氏が代々守護をつとめた。大内氏は平安末期に盛房(すおうのすけ)が周防介となり、以後在庁官人として周防介を世襲した。源平合戦では源氏方に属し、重弘は六波羅評定衆(ろくはらひょうじょうしゅう)もつとめている。

　義弘のときに筑前国に進出すると、博多を確保して明との貿易で大きな利益をあげた。応仁の乱では政弘が大軍を率いて西軍として参加、国元では周防守護代の陶弘護(すえひろもり)が領国を維持した。乱後、政弘は帰国すると少弐氏を降して筑前・豊前に進出、「大内氏掟書(おきてがき)」を制定するなど、領国支配を固めた。

　政弘の子義興(よしおき)は少弐政資(まさすけ)を滅ぼして筑前国を支配、さらに毛利氏を支配下に入れて安芸国に進出、尼子(あまご)氏と激しく争った。また幕府に代わって勘合貿易を独占、多くの文人・禅僧・貴族らが訪れた山口は「西の京」と呼ばれ、貴族趣味に大陸文化を取り入れた大内文化が花開いた。

　その子義隆は安芸守護武田氏を滅ぼして安芸国を平定、周防・長門・安芸・石見・備後・豊前・筑前の7ヵ国の守護を兼ねた。しかし、天文11年(1542)出雲に尼子氏を攻めて敗れ、配送途中で嫡子(養子)の晴持(はるもち)が溺死したことで政治の意欲を失い、同20年家老陶晴賢(すえはるかた)が叛乱を起こして自害した。

　晴賢は義隆の姉の子である大友晴英(はるひで)を当主に迎え、大内義長として擁立したものの、弘治元年(1555)周防に侵攻してきた毛利元就(もとなり)に厳島合戦で敗れて自刃。同3年には大内義長も自刃して大内氏は滅亡、以後毛利元就が防長二国を支配した。

　毛利元就は尼子氏も滅ぼして中国地方の大半を領する戦国大名に発展。天正10年(1582)には備中高松城で羽柴秀吉と対峙したが、信長の急死で講和を結び、秀吉政権下で五大老の一人となった。

主な戦国大名・国衆

青景氏(あおかげ)　長門国豊田郡の国衆。藤原北家秀郷流で田原氏の一族。藤原九郎太夫秀通が源頼朝から豊田郡青景別符(美祢市秋芳町)と西隣の赤郷上桑原(銭屋)の地頭職に補せられて青景氏を称したのが祖。以後、18代500年にわたって同地を支配した。室町時代は大内氏に従い、大内義隆に仕えた青景隆著が著名。子孫は門多氏と改称した。

大内氏(おおうち)　周防の守護大名。百済聖明王の第三子琳聖太子が周防国多々良浜に来て土着し多々良氏となったと伝えるが不詳。平安末期に盛房が周防介となり、以後在庁官人として周防介を世襲した。重弘は六波羅評定衆もつとめ、国衙(こくが)機構のなかにありながら武士として国衙領を侵すことで成長した。南北朝時代、一族の長弘が鷲頭氏を継いで北朝方の周防守護となると、当主弘世は南朝方の周防守護となって対抗。正平7年(1352)に鷲頭氏を滅ぼして周防を統一、さらに長門守護の厚東氏も討って防長を統一した。のち北朝に転じると石見にも進出して、周防・長門・石見の守護を兼ね、本拠地を大内から山口に移した。盛見は周防・長門・豊前・筑前の守護となり、室町幕府の九州経略の拠点となったが、永享3年(1431)筑前・深江で大友・少弐連合軍と戦って戦死した。盛見は跡継ぎを決めていなかったことから、幕府は持世に惣領職、持盛に長門国以下を安堵。これに不満を持って持盛は翌年に満世とともに持世を襲い、持世を石見に追ったものの、持世は国人の支持を得て再入国、幕府の支持も得て持盛を篠崎城で討った(永享の内訌)。以後、中国地方の大半を支配、山口を拠点に明や朝鮮とも貿易を行い、多くの文人・禅僧・貴族らが山口を訪れて「西の京」と呼ばれ、貴族趣味に大陸文化を取り入れた大内文化が花開いた。戦国時代、義隆は周防・長門・安芸・石見・備後・豊前・筑前の七カ国の守護を兼ねたが、天文20年(1551)重臣陶晴賢の叛乱で義隆が殺された。晴賢は義隆の甥の義長を擁立したものの、弘治元年(1555)厳島合戦で毛利元就に敗れて自刃。同3年には義長も自刃して滅亡した。

陶氏(すえ)　大内氏庶流。右田重俊の弟弘賢が周防国吉敷郡陶村(山口市陶)に

I　歴史の文化編

住んで陶氏を称したのが祖。子弘政は都濃郡富田（周南市富田）の地頭となって本拠を富田に移し、若山城を築城した。南北朝時代には守護大内氏の有力家臣となり、応永8年（1040）弘長は長門守護代となった。永享4年（1432）には孫の盛政が周防守護代となり、以後周防守護代を世襲した。盛政の嫡男弘正は寛正6年（1465）討死、弟で右田家を継いでいた弘房が陶氏に戻って継いだ。天文8年（1539）19歳で家督を継いだ晴賢（興房）は、大内氏の重臣として活躍していたが、やがて相良武任と対立。同20年大内義隆の姉の子で大友宗麟の弟にあたる義長を擁立して挙兵、大内義隆を大寧寺に攻めて自刃させた。翌年義長に大内氏の家督を相続させるとともに自らは後見として実権を握った。しかし、弘治元年（1555）厳島の合戦で毛利元就に敗れて自刃、嫡子長房も自刃して嫡流は滅亡した。

杉氏（すぎ）　長門守護代。大内氏の庶流というが不詳。美作守家・豊後守家・三河守家・伯耆守家など8家に分かれていたといい、嫡流の美作守家は長門国守護代をつとめた。応仁の乱の際、杉重道は大内政弘に従って在京、文明9年（1477）には山城の狛陣所で宗祇、大内政弘を招いて百韻連歌を催している。また豊後守家の興長は筑前守護代、伯耆守家の重矩は豊前守護代をつとめている。陶晴賢の叛乱と、毛利元就による晴賢討伐の間に6家が滅亡、重輔と隆相のみが毛利氏に仕えて江戸時代は長州藩士となった。

椙杜氏（すぎもり）　周防国玖珂郡の国衆。三善姓。南北朝時代、太田清康の子正康が筑後国から周防国久珂郡椙杜郷（岩国市周東町）に転じて椙杜氏を称したのが祖。代々蓮華山城に拠った。戦国時代、毛利氏重臣志道元保の二男元縁が継ぎ、天正16年（1588）豊浦郡の長府勝山城に転じた。江戸時代は長州藩士となる。

問田氏（といた）　周防大内氏一族。鎌倉時代初期に大内盛房の二男長房が周防国吉敷郡問田（山口市大内）に住んで問田氏を称した。弘綱のとき石見守護代となり、子弘胤は大内政弘の奉行をつとめた。その子興之は大内義興の奉行人をつとめ、三条西実隆とも交流のある文人としても知られた。大内氏とともに滅亡。

内藤氏(ないとう)　長門守護代。藤原北家で道長の子孫と伝える。本来は東国御家人で、徳治3年(1308)に周防国熊毛郡小周防(光市)の地頭となって下向した西遷御家人とみられる。南北朝時代、嫡流は北朝に属したが没落、大内氏に従っていた庶流の勝間田盛信が内藤氏を継ぎ、その孫の盛貞は大内盛見に仕えて重臣となった。盛貞の孫の盛世が長門守護代となり、以後世襲した。戦国時代、興盛は三女を毛利元就の長男隆元に嫁がせた(尾崎局)が、長男隆時の娘は陶晴賢の正室となった。天文20年(1551)陶晴賢が大内氏に叛くと、隆時・隆世は晴賢方につく一方、興盛や子隆盛は動かず家中が分裂。弘治3年(1557)隆世は大内義長とともに自害、隆春は毛利元就に仕えてその重臣となった。江戸時代は長州藩の重臣となる。

仁保氏(にお)　周防国吉敷郡の国衆。桓武平氏三浦氏の一族で、建久8年(1197)に仁保荘・恒富保(山口市)の地頭職となった平子重経が祖。室町時代初期頃から仁保氏を称した。やがて大内氏の被官となり、所領は仁保荘以外にも広がっている。応仁の乱では弘有が大内氏のもとで活躍した。天文20年(1551)の大内氏の滅亡後隆在は毛利氏に仕えたが、その所領は周防・長門・安芸で1万6000石に及んだという。隆在の跡は吉川元春の二男元棟(元氏)が継いだが、元棟はのちに繁沢氏を継いだため、毛利輝元の側近神田元忠が仁保氏を継いだ。関ヶ原合戦後佐波郡徳地に転じ、江戸時代は長州藩士となって遠祖の三浦氏に改称した。

右田氏(みぎた)　周防大内氏庶流。平安末期、大内盛房の弟盛長が周防国佐波郡右田荘(防府市)に住んで右田氏を称したのが祖。その孫盛俊の頃に右田ヶ嶽城を築城した。代々大内氏に仕え、南北朝時代一族の弘直は石見守護代をつとめている。大内氏の滅亡後、弘治元年(1555)の厳島合戦の際に右田隆量(重政)は毛利元就に降って開城、以後は毛利氏に仕えた。

光井氏(みつい)　周防国熊毛郡の国衆。同郡光井(光市光井)の出で、安富氏の一族。代々大内氏に仕え、八海山城(光市)に拠った。大永3年(1523)安芸草津城(広島市西区)に拠った光井兼種も一族。兼種の跡を継いだ隆貞は陶晴賢に属して毛利氏に敗れ、没落した。

Ⅰ　歴史の文化編　31

◎中世の名族

大内氏(おおうち)

周防守護。百済聖明王の第三子琳聖(りんしょう)太子が周防国多々良浜に来て土着し、多々良氏となったのが祖と伝えるが不詳。平安末期に盛房が周防介となり、以後在庁官人として周防介を世襲した。源平合戦では源氏方に属し、重弘は六波羅評定衆(こくが)もつとめている。国衙(こくが)機構の中にありながら武士として国衙領を侵すことで成長した。南北朝時代、1352(正平7)年に鷲頭氏を滅ぼして周防を統一、さらに長門守護の厚東氏も討って防長を統一した。後北朝に転じると石見にも進出して、周防・長門・石見の守護を兼ね、本拠地を大内から山口に移した。

盛見は周防・長門・豊前・筑前の守護となり、室町幕府の九州経略の拠点となったが、1431(永享3)年筑前・深江で大友・少弐連合軍と戦って戦死した。盛見は跡継ぎを決めていなかったことから、幕府は持世に惣領職、持盛に長門国以下を安堵。これに不満を持って持盛は翌年に満世と共に持世を襲い、持世を石見に追ったものの、持世は国人の支持を得て再入国、幕府の支持も得て持盛を篠崎城に討った(永享の内訌(ないこう))。

以後、中国地方の大半を支配、山口を拠点に明や朝鮮とも貿易を行い、多くの文人・禅僧・貴族らが山口を訪れて「西の京」と呼ばれ、貴族趣味に大陸文化を取り入れた大内文化が花開いた。

戦国時代、義隆は周防・長門・安芸・石見・備後・豊前・筑前の七カ国の守護を兼ねたが、1551(天文20)年重臣陶晴賢の反乱で義隆が殺された。晴賢は義隆の甥の義長を擁立したものの、55(弘治元)年厳島合戦で毛利元就に敗れて自刃。57(同3)年には義長も自刃して滅亡した。

◎近世以降の名家

磯部家(いそべ)
　周防国都濃郡下松（下松市）で宮洲屋と号した豪商。菅原姓という。1578（天正6）年宗安は子常安と共に下松に転じて下松屋と号したのが祖。常安は出家して是頓と号し浄西寺の開基となった。5代時増は1702（元禄15）年東豊井村を開墾して塩業を興し、新たに宮洲屋を称して豪商となった。後に徳山藩の藩札発行も引き受けている。

伊藤家(いとう)
　長門国下関（下関市）の豪商・本陣。藤原北家利仁流。嘉禎年間（1235〜1238）に伊藤左衛門尉盛成が長門国の目代となって下向したのが祖という。以後、長門国衙の在庁官人として土着し、後赤間関に転じた。

　室町時代には、亀屋と号した薬種問屋の亀屋伊藤と、本陣伊藤家に分かれた。室町時代、亀屋伊藤家は大内家の被官であったともみられている。

　1687（貞享4）年亀屋伊藤家は西端町に移転して亀屋薬店を開業、大年寄格となる。本陣伊藤家は九州の諸大名が宿泊しただけでなく、オランダ商館長も江戸参府の際には宿泊した。幕末には坂本龍馬を援助していたことでも知られる。

　維新後には、亀屋伊藤家の房次郎が赤間関(あかまがせき)市の初代市長をつとめている。

香川家(かがわ)
　岩国藩家老。桓武平氏鎌倉氏の一族だが、系譜は各種あり不詳。経高が相模国高座郡香川荘（神奈川県茅ヶ崎市香川）に住んで香川氏を称し、承久の乱の後、香川経景が安芸国佐東郡八木村（広島市安佐南区佐東町）、義景が同国山県郡谷戸村の地頭となったのが祖。景光の時に下向して八木城を築城し、応仁の乱では方景が守護武田国信に属して東軍に与した。戦国時代も初め安芸武田氏に仕えていたが、1534（天文3）年光景が毛利氏に転じた。春継は吉川元春に属し、江戸時代は岩国藩家老となった。一族から桂園派の歌人香川景樹が出ている。

菊屋家(きくや)
　萩城下（萩市）の豪商。元は大内氏の家臣であった。初代友味は慶長年間（1596〜1615）の毛利輝元の入国に伴って山口から萩に移り住み、「菊屋」の名字を与えられて萩の町割りを命じられた。以後代々孫兵衛

Ⅰ　歴史の文化編

を称して長州藩の御用商人となり、大年寄格でもあった。同家住宅は国指定重要文化財である。

吉川家（きっかわ）

岩国藩主。毛利家一門。藤原南家。駿河国有度郡入江荘吉川郷（静岡県静岡市清水区吉川）発祥で、承久の乱後、経光が安芸国山県郡大朝荘（広島県山県郡北広島町）の地頭となり、子経高の時大朝荘に下向したのが祖。

1547（天文16）年内訌が起こって吉川経世、森脇祐世らが毛利元就を頼ったことから、元就は当主興経を隠居させて二男元春に吉川家を継がせた。そして、50（同19）年には興経を殺し、以後吉川家は毛利家の一門となった。関ヶ原合戦では広家が毛利本家と離れて東軍に属し、その功によって毛利家を存続させるだけでなく、吉川家も岩国で6万石を領した。1868（明治元）年諸侯に列し、経建は84（同17）年男爵、91（同24）年子爵となっている。

また、経幹の二男重吉は米国に留学後外交官となり、91（明治24）年に分家、男爵を授けられた。子重国は式部副長などをつとめ、秋篠宮紀子妃殿下の皇室入りの際のお妃教育で宮中儀礼を担当した。

国司家（くにし）

長州藩家老。高階姓。1336（建武3）年高師泰の子師武が安芸国高田郡国司荘（広島県安芸高田市吉田町国司）を与えられて国司氏を称したと伝える。郡山城の毛利師親に属して以後代々家老をつとめたという譜代の家臣。戦国時代、有相は吉常ヶ城に拠って毛利元就の重臣となり、その子元相は毛利隆元の傅役をつとめ、以後隆元の重臣として活躍した。

江戸時代は長州藩家老となる。幕末に家老をつとめた国司信濃（親相（ちかすけ））は禁門の変の責任を取って自刃した。1900（明治33）年直行の時に男爵となった。

国森家（くにもり）

周防国玖珂郡柳井（柳井市柳井津）の豪商。元は守田氏を称して手船商を営み、2代通隆の時に反物商となって財を成した。その後国森家を称して油商となり、柳井の豪商に発展した。1803（享和3）年からは手絞りともし油の製造を始め、後にびんつけ油の製造販売を行った。1769（明和6）年に建てられた同家住宅は国指定重要文化財である。

熊谷家
　萩城下（萩市）の豪商。元は阿武郡川上村（萩市）にいたが、江戸時代初期に萩城下に転じて酒造業や製塩業などを営んだ。1754（宝暦4）年に分家の初代五右衛門芳充が長州藩から御用銀の調達を命じられたことで御用商人として急速に発展し、76（安永5）年には大年寄並となって豪商に成長した。同家住宅は国指定重要文化財で、同家の当主が収集した美術品を収蔵していた蔵は熊谷美術館として公開されている。

兄部家
　周防国佐波郡宮市町（防府市）の豪商。1319（元応元）年に周防国合物座（塩魚、干魚類を取り扱う問屋の組合）の長となり、以来世襲して塩魚、農産物、度量衡器などを含む合物の売買を指揮したと伝え、室町時代には有力な商家となっていた。江戸時代は酒造業も営んだ他、1642（寛永12）年からは萩往還宮市宿の本陣もつとめた。

坂家
　萩焼の陶工。初代高麗左衛門は李勺光の弟で、慶長の役の際に朝鮮から来日したとされる。寛永年間（1624～1644）に長州藩主から「坂高麗左衛門」の名を賜った。2代から8代は「助八」「新兵衛」などを名乗り、明治以降9代目から再び号として高麗左衛門を使用している。現在の当主は12代目である。

清水家
　長州藩重臣。桓武平氏。戦国時代は備中国賀陽郡清水村（岡山県総社市）発祥で清水城に拠っていたが、宗治以前は不詳。宗治は毛利氏に従って備中高松城（岡山市北区）を守っていたが、豊臣秀吉の水攻めにあって敗れ、自刃した。二男の景治は小早川隆景に仕え、隆景の没後は毛利家に転じた。江戸時代は長州藩の重臣として2500石余りを知行。

　幕末、親知（清太郎）は22歳で国元加判役（家老）となり、禁門の変で敗れたことから切腹。その後、正義派が藩政を奪還すると、養父親春（美作）が復帰、家老や第二騎兵隊総督などを歴任し、1900（明治33）年資治が男爵を授けられた。

白石家
　長門国豊浦郡竹崎（下関市）の廻船問屋。竹崎は清末藩領で、同藩の御用商人もつとめた。幕末に志士の援助に活躍した豪商の白石正一郎

が著名で、奇兵隊も白石邸で結成されている。正一郎は維新後、赤間神宮宮司となった。

福原家(ふくはら)

長州藩家老。安芸国高田郡福原(広島県安芸高田市吉田町福原)発祥で長井氏の一族。長井貞広は同族である毛利元春の五男広世を養子とした。広世は長井氏を継いだ後、実父元春から譲られた福原村に住んで福原氏を称し、以後毛利氏の庶子家となった。鈴尾城に拠って代々毛利氏に仕え、1419(応永26)年に庶子家が毛利惣領家に叛旗を翻した際にも惣領家側に付くなど、一貫して毛利氏を支えて同家の家臣筆頭の地位にあった。

江戸時代は長州藩永代家老となる。家禄は1万1300石余り。幕末に家老となった福原越後は1864(元治元)年禁門の変の責任を取って自刃した三家老の一人として知られる。1900(明治33)年俊丸の時に男爵となった。

益田家(ますだ)

長州藩家老。石見の戦国大名益田氏の末裔。元祥の時に関ヶ原合戦で毛利氏が敗れて防長二カ国に減じられると、これに従って長門国阿武郡須佐(萩市)に移住した。江戸時代は長州藩永代家老となり、1万2000石を領した。元祥は長州藩初期の財政を担った人物として知られる。

幕末、禁門の変の責任を取って切腹した三家老の一人、益田右衛門介が有名。1900(明治33)年精祥の時に男爵となる。

三輪家(みわ)

萩焼の陶工。慶長の役で朝鮮から連れ帰った陶工の子孫。初代休雪の父が萩に移住したといい、1663(寛文3)年に初代が長州藩に召し抱えられた。以後、代々休雪を名乗って長州藩の御用をつとめた。先代の10代目、現在の11代目は共に人間国宝である。

毛利家(もうり)

長州藩主。安芸の戦国大名毛利氏の子孫。輝元は織田信長と対立、1582(天正10)年には備中高松城で羽柴秀吉と対峙したが、信長の急死で講和を結び、秀吉政権下で五大老の一人となり、安芸広島で120万石の大身となった。しかし、関ヶ原合戦で西軍の総大将となったため、長門萩36万9000石に減知。

幕末、藩論を討幕に統一し、薩摩藩と共に戊辰戦争で新政府を樹立した。1884(明治17)年元徳の時に公爵となった。

元徳の五男五郎は92（明治25）年に分家し男爵を授けられ、貴族院議員をつとめた。その子元良も貴族院議員をつとめている。

毛利家（もうり）

徳山藩主。輝元の二男就隆は1617（元和3）年3万石を分知され、31（寛永8）年周防下松に陣屋を置いたのが祖。34（同11）年正式に諸侯に列して下松藩4万5000石を立藩。50（慶安3）年藩庁を都濃郡野上村に移して徳山藩と改称した。

1716（享保元）年3代元次の時に本藩と対立して除封となるが、19（同4）年に元尭が3万石で再興した。1836（天保7）年広鎮の時に4万石に回復。84（明治17）年元功の時に子爵となる。

毛利家（もうり）

長府藩（下関市）藩主。毛利（穂井田）元清の四男秀元が祖。関ヶ原合戦後、長門国豊東・豊西・豊田3郡で3万6000石が与えられて長府藩を立藩した。4代元朝は本家を相続、跡を継いだ元矩も1718（享保3）年に15歳で没していったん断絶した。

同年、清末藩主の元平が匡広と改称して長府藩を継いで再興。83（天明3）年匡芳の時5万石となった。その子元義は文人大名として知られ、梅廼門真門と号して清元「梅の春」を作詞している。1869（明治2）年豊浦藩と改称。84（同17）年元敏の時に子爵となる。

毛利家（もうり）

清末藩（下関市）藩主。長府藩主秀元の三男元知が、1653（承応2）年1万石を分知されて清末藩を立藩した。1718（享保3）年2代元平は匡広と改名して本家に当たる長府藩を継いだため一時断絶した。29（同14）年匡広の七男政苗が1万石を分知されて清末藩を再興。子匡邦の時には家督相続をめぐって清末騒動が起きている。

1884（明治17）年元忠の時に子爵となる。元忠は碧堂と号し、歌人としても知られた。

博物館

しものせき海響館
〈フグのコレクション〉

地域の特色

　県の南部は穏やかな瀬戸内海が、西部と北部は荒々しい浸食海岸の日本海と、三方を海に開き約1,500キロメートルに及ぶ長い海岸線をもつ。中央部を横断する中国山地に囲まれた小規模な平野や盆地が分散しており、西部山間地には大鍾乳洞の秋芳洞や日本最大のカルスト台地の秋吉台がある。また、500年以上の伝統の長門湯本温泉など50カ所以上の温泉がある。山口県は、令制国の長門国と周防国に相当するので防長という別名があり、周防国と長門国は後に毛利氏により統治され、江戸時代には併せて長州藩と称した。また1673（延宝元）年に、岩国藩主吉川広嘉によって建造された「錦帯橋」や90（元禄3）年に移築した「瑠璃光寺」などの歴史的建造物がある。瀬戸内海側は重化学コンビナートを中心とした瀬戸内工業地域を形成し、美祢市にはカルスト台地から産出される石灰石を原料とするセメント製造工場が立地している。一方で日本海側は、農業・漁業などの第一次産業や観光業を中心としており、なかでも水産業は古くから盛んで、長州藩は長門市の通地区や仙崎地区を中心に沿岸の古式捕鯨に力を入れた。その後ノルウェー式の南氷洋捕鯨の導入で港湾や流通に適した下関市が日本有数の捕鯨基地となり、また同市はフグの取扱量日本一としても知られている。

主な博物館

山口県立山口博物館　山口市春日町

　1912（明治45）年に発足した歴史ある博物館で、県内の自然や歴史などを総合的に紹介し収蔵品は34万点にもなる。理工学の原理から最新の科学技術までの展示室、県内産の化石や岩石資料の地学展示室、秋吉台や瀬戸内などの動植物、縄文・弥生・古墳時代の出土品の考古歴史、天文一般の

展示室などで構成され、天体観察室は天体観望会の際に公開されている。

萩博物館　萩市堀内

　長州藩の城下町であった萩市は、町中に多くの歴史資料・建造物が残り、「江戸時代の地図がそのまま使えるまち」をキャッチコピーに掲げ、市全体を広大な博物館として捉えている。その中で、萩の歴史資源・自然環境を保存・活用する「萩まちじゅう博物館構想」の中核施設である萩市郷土博物館を、萩開府400年の2004（平成16）年に大野毛利家の屋敷跡に改築移転するかたちで萩博物館が開館した。常設では萩城下町の発展と存続理由がわかる地形と変遷、歴史資料情報を展示し、地域の魅力を掘り起こしルーツやアイデンティティを体感できる歴史上の要人と多様な自然を紹介、高杉晋作にまつわる資料室がある。また、探Qはぎ博と名付けた体験ゾーンは無料で公開している。

金子みすゞ記念館　長門市仙崎

　金子みすゞ（本名テル）は1903（明治36）年、大津郡仙崎村（現在の長門市仙崎）に生まれた童謡詩人である。生誕100年の2003（平成15）年に、幼少期を過ごした書店金子文英堂跡地に開館した。没後50余年の足跡をたどりその業績を顕彰する記念館である。金子文英堂の建物や庭を復元し、本館棟では、遺稿集や着物などの遺品を展示した常設展示室、パソコンによる資料の検索室、みすゞの詩の世界を音と光で体感できるギャラリーなどを備える。

しものせき海響館　下関市あるかぽーと

　1956（昭和31）年からあった市立水族館の老朽化で移転し、2001（平成13）年に新規開館した。10（平成22）年に捕鯨の歴史を通して市と関わり深いペンギン村を増築した。関門海峡に面して建ち、潮流を再現した関門海峡潮流水槽がある。また、下関はフグの水揚げが日本一であることから、トラフグやマンボウなどフグのコレクション数は世界一で100種類以上を飼育している。イルカとアシカが共演するアクアシアター、小型鯨類のスナメリ、日本初公開の全長23メートルのシロナガスクジラ骨格標本なども特徴である。

Ⅰ　歴史の文化編

豊田ホタルの里ミュージアム　下関市豊田町大字中村

　豊田町を流れる木屋川流域はホタルの生息地として知られ、2004（平成16）年にゲンジボタルをモチーフにした博物館が設置された。道の駅蛍街道西ノ市に隣接し、市立で唯一の自然史博物館で、ホタルに関する専門資料や生体の展示に限らず、動物、昆虫、植物、化石、岩石の展示、教育、調査・研究を行っている。限られた人材で全てを自前で展開し、さまざまな企画展、季節ごとのテーマ展、自然観察会、講座などの体験学習も充実している。

岩国市ミクロ生物館　岩国市由宇町潮風公園

　防予の島々を望む海の駅潮風公園に2004（平成16）年に開館した、世界初のミクロ生物をテーマにした展示・教育施設。ミクロ生物を通して命を大切にする心と自然や地球環境の保全教育に寄与し、少年少女への科学教育で社会に貢献することを目指している。展示室は無料公開し多くの映像や顕微鏡などを使ってミクロ生物を観察でき、興味深く詳細な解説資料も豊富である。実験室では1日100円で専門的な研究実験の体験もできる。食物連鎖の底辺で多くの生命や豊かな自然、人々の生活支えるミクロ生物の研究活動を支援し、多様な教材の開発や図鑑の発刊もしている。

ときわ動物園　宇部市大字沖宇部

　1925（大正14）年に県最大の湖である常盤湖に宇部市常盤公園が開設された。公園内は、緑と花の公園、彫刻、動物園、石炭記念館、カルチャーホールなどの施設がある。動物園は55（昭和30）年に前身の宮大路動物園が開園し、2016（平成28）年に国内で初めて動物が棲む地域の地形や植物などの環境を再現した展示施設となってオープンした。アジアの森林ゾーン、中南米の水辺ゾーン、マダガスカルゾーン、山口宇部の自然ゾーンなどで構成され、各ゾーンにはシロテテナガザルをはじめとして多くの霊長類が活発に動く、自然に近い姿で観察でき、西日本でサル類の飼育が最も充実した動物園である。身近な動物コーナーや体験学習館モンスタも整備されている。

下関市立歴史博物館　下関市長府川端

　下関市立長府博物館を2016（平成28）年に移転して下関市立歴史博物館と名称を改め新たに開館した。地域の歴史資料として、先史時代の土器から長府藩の林業の先人であった高島得三や建築関連の文書、江戸屋敷に関わる文書を収めている。文学は長間本『平家物語』や、武家文化としての能楽研究に資する収蔵品がある。幕末の志士の書状や愛用品などを所蔵し、高杉晋作や坂本龍馬の他、久坂玄瑞、山縣有朋ら明治維新前夜の下関について展示を充実させた。和同開珎遺物をはじめ、旧毛利家遺品、長州藩に関する幕末の人物の貴重な資料、乃木希典に関する資料がある。

毛利博物館　防府市多々良

　1865（元治2）年に毛利藩主最後の嗣子として生まれた毛利元昭の本邸・庭園および重代の家宝類を、1966（昭和41）年に一括して防府毛利報公会に寄付し、本館の子ども部屋を改造して博物館として開設した。雪舟の四季山水図、毛利元就自筆の三子教訓状、古今和歌集巻八、史記呂后本紀第九、菊造腰刀など、旧長州藩主毛利家に伝来する国宝や重要文化財の美術工芸品・歴史資料約2万点を収蔵展示している。国の文化財に指定されている邸宅（4千平方メートル）と庭園（面積8万4千平方メートル）も公開している。

美祢市立秋吉台科学博物館　美祢市秋芳町秋吉

　秋吉台の自然を守り、秋吉台地域に広がる石灰岩台地の学術的重要性を国内外に広く周知し、研究活動を通じて文化的価値を高め、広く普及教育の発展に寄与することを基本理念とし1957（昭和32）年に設立された。展示は洞窟産哺乳類化石、洞窟に棲む生物、秋吉台で暮らした人々、カルスト台地と鍾乳洞、秋吉台の化石、秋吉台の地質などで構成され、秋吉台自然観察路のビジターセンター的な役割を果たしている。

下関市立近代先人顕彰館／田中絹代ぶんか館　下関市田中町

　旧逓信省下関電信局電話課庁舎を改修し2010（平成22）年に開館した。1階のふるさと文学館には、下関市にゆかりのある近代以降の文学者とそ

I　歴史の文化編

の作品を、2階の田中絹代記念館には、女優田中絹代の調度品や衣服などの遺品、出演作の台本、ポスター、スチール写真などの映画資料が展示されている。

土井ヶ浜遺跡・人類学ミュージアム　下関市豊北町神田上

響灘に面する土井ヶ浜遺跡は弥生時代の埋葬跡で、1953（昭和28）年からの発掘調査で300体以上の弥生人骨が装身具や土器と共に出土した。土井ヶ浜弥生人の顔かたちをはじめ現代に至る日本人の形質の変化やルーツの情報を展示・発信している、人類学専門の博物館である。敷地内の「土井ヶ浜ドーム」では、人骨約80体の発掘状況を再現している。また、古代ハスを植えた湿生花園や赤米を実らせる水田、休息所「ほねやすめ」がある。

防府市山頭火ふるさと館　防府市宮市町

1882（明治15）年に防府に生まれた種田山頭火は、五・七・五にこだわらない自由なリズムの「自由律俳句」の代表的俳人で「昭和の芭蕉」とも呼ばれる。山頭火は経営していた酒造場の倒産と一家離散、離婚、出家などを経て、放浪の旅を繰り返していたが1940（昭和15）年、松山市で生涯を閉じた。2017（平成29）年に開館した「山頭火ふるさと館」に100年ぶりに防府の町に帰り、生涯、人物、作品が紹介されている。

中原中也記念館　山口市湯田温泉

近代詩人中原中也は、1907（明治40）年に現在の山口市湯田温泉に生まれた。小学校高学年より短歌を制作、雑誌や新聞の歌壇に投稿を始め文学に熱中した。その後、京都へ移り高橋新吉や富永太郎の影響を受けて詩人としての道を歩み始め、25（大正14）年、同人誌『白痴群』を創刊、34（昭和9）年には第一詩集『山羊の歌』を出版した。30歳の若さで死去したが生涯で350篇以上の詩を残した。中原中也記念館は、94（平成6）年に中也生誕の地の中原医院の跡地に開館し、中也の遺稿や遺品を中心に貴重な資料を公開している。

周防大島文化センター（宮本常一記念館）

大島郡周防大島町大字平野

　1907（明治40）年に周防大島町で生誕した宮本常一は『忘れられた日本人』などの著作で知られる民俗学者で、民俗資料などの調査を通じ全国各地の地域づくりに携わってきた。生涯で16万キロメートルの行程を全国に記し、人々の生活を記録し明るく励まし、相互扶助の精神と経世済民の思想、公の精神があったとされる。著作や約2万点の蔵書、日本全国を歩いて撮影した10万点にも及ぶ写真などが収蔵されている。

星野哲郎記念館　大島郡周防大島町大字平野

　同町出身の星野哲郎は『男はつらいよ』『なみだ船』『アンコ椿は恋の花』『三百六十五歩のマーチ』などの作詞家で知られ、2007（平成19）年に開館した資料館には、作品や資料などが展示されている。「星野劇場」「星野工房」「星野歌酒場」「星野博品展」「星野映像館」の五つのブースで構成され、また直筆の詩を壁面に紹介し「えん歌ボックス」などがある。

名　字

〈難読名字クイズ〉
①伊秩／②転／③嶮岡／④鹿紫雲／⑤頂岳／⑥元浄／⑦教仙／⑧枳本／⑨兄部／⑩洗湯／⑪二十八／⑫鯨吉／⑬花表／⑭南野／⑮無漏田

◆地域の特徴

　山口県も山本・田中という関西二大名字が1位、2位に並び、3位に中村、4位に山陽地方に多い藤井と、上位4位まではほぼ山陽地方に共通した分布。

　5位には山口県と福岡県を中心に分布する原田が入る。原田は、実数では福岡の方が多いが、人口比では山口県が全国最多。この名字は両県を中心に九州・中国地方に多い。

　独特なのが9位の河村。別に珍しい名字というわけではないが、県単位でベスト10に入るのは山口県だけ。全国的にみると、「かわむら」という名字は川村と書くことが多い。しかし、瀬戸内海沿岸や、山陰・北陸・岐阜では河村が主流。そのなかで、とくに山口県では9割以上が河村と書く。山口以外では、岐阜県でベスト100に入るほか、数は少ないものの、鳥取では「かわむら」さんの8割以上が「河村」と書く。

　21位の中野は、秋田県・島根県・沖縄県を除く全国44都道府県で200位以内に入っているという全国にまんべんなく分布する名字だが、21とい

名字ランキング（上位40位）

1	山本	11	山田	21	中野	31	山下
2	田中	12	松本	22	岡本	32	岡田
3	中村	13	福田	23	上田	33	吉村
4	藤井	14	藤田	24	岡村	34	山崎
5	原田	15	田村	25	村上	35	池田
6	伊藤	16	渡辺	26	小林	36	高橋
7	林	17	木村	27	清水	37	吉田
8	西村	18	山根	28	佐々木	38	石田
9	河村	19	村田	29	橋本	39	金子
10	藤本	20	井上	30	野村	40	松田

う順位は最も高い。人口比でも全国最多である。

41位の河野は「かわの」である。愛媛県をルーツとする河野は、愛媛と広島でこそ「こうの」だが、その周辺では「かわの」の方が多い。山口県では75%が「かわの」と読む。

46位の藤村は全国に広く分布している名字だが、50位以内に入っているのは全国で山口県だけ。100位以内となっているのも他には岩手県しかない。

48位には大田が入る。「おおた」は全国的には太田と書くことが多いが、山口県では圧倒的に点のない大田である。県内の「おおた」のうち、約8割が点のない「大田」を使用している。

この他、66位弘中と85位村岡も独特。弘中は全国の3分の2が山口県在住で、県内にはまんべんなく分布している。岩国市には漢字の違う広中も多い。村岡は沖縄以外に広く分布しているが、ベスト100に入っているのは山口県のみ。県内では岩国市、柳井市、長門市に集中している。

101位以下では、森重、古谷、縄田、水津、山県、末岡、吉武、三戸、兼重などが独特の名字である。古谷は、全国的には「ふるや」が多いが、県内では6割弱が「ふるたに」、4割強が「ふるや」と分かれ、ともに200位以内に入っている。三戸も東北北部と山口県に集中している名字で、東北ではほぼ「さんのへ」と読み、山口県ではほぼ「みと」である。

また、兼重は全国の7割弱、水津は5割強が山口県にある。

● **地域による違い**

山口県では、山本と田中が全県にまんべんなく分布しており、地域による違いはそれほど大きくない。

旧周防国では、山本・田中に次いで藤井と原田が多く、山口市と防府市で田中、柳井市、岩国市、光市で山本が最多。周南市と下松市では藤井が最多となっている。この他、周防西部では、旧秋穂町（山口市）の安光・道中、周防東部では岩国市の村岡、下松市の武居、美和町の広兼、錦町の三家本、周防大島町の網本などが特徴。

下関市を中心とした長門南部では山本が圧倒的に多く、下関、宇部市、山陽小野田市、美祢市はいずれも山本が最多である。この他では、中村・田中・中野が多く、旧楠町（宇部市）の千々松が独特。また、宇部市と山陽小野田市には縄田が集中している。

萩市を中心とした長門北部では、萩市と長門市では中村、阿武町では小

野が最多。ただし、地域によって名字の構成がかなり違い、かつてあった16市町村では最多の名字がほとんど違っていた。とくに珍しい名字が多いというわけではないが、萩市の井町、旧田万川町の野稲、阿武町の水津、旧福栄村の阿武などが独特である。

● 名家大内氏

室町時代、山口に住み中国地方全体を支配した名家大内氏は、百済の王族林聖太子の子孫と称している。

古代日本では大陸から渡来した一族は多かったが、中世の大名クラスで渡来人の末裔というのは珍しい。他には、土佐の戦国大名長宗我部氏くらいだろう。ただし、林聖太子という人物は大内氏の系譜以外には登場せず、本当に百済の王族の末裔であるかどうかには疑問もある。しかし、室町時代に積極的に明との貿易を行うなど、大陸と関係の深い氏族であったことは間違いない。

大内氏は、もともとは周防国佐波郡多々良郷で多々良氏を名乗っていたが、のち大内に移って大内氏を称した。源平の争いの際源氏に味方し、鎌倉時代には周防の守護となった。南北朝時代に弘世が本拠地を山口に移し、その子義弘は6カ国の守護を兼ねる大大名に成長した。

戦国時代中期に重臣の陶晴賢に敗れて滅亡したが、この陶氏も、大内氏の一族である。

● 毛利氏とその家臣

大内氏の滅亡後、陶氏を討って中国地方を制したのが毛利氏である。

毛利氏のルーツは相模国（神奈川県）にある。長らく安芸の一土豪にすぎなかったが、元就の時に一躍戦国大名に躍り出ると、中国地方の小大名や土豪たちを次々と家臣団に組み込んでいった。

関ヶ原合戦後は防長2国のみに押し込められたため、山口県には、県内だけでなく中国地方各地をルーツとする氏族がたくさんある。

長州藩の三家老として知られた、福原家、益田家、国司家もルーツはすべて県外にある。福原家のルーツは広島県安芸高田市の地名で毛利氏の庶流。国司家は国司を務めた家柄と勘違いしそうだが、こちらも同市国司をルーツとする地名由来の名字で、高階氏の末裔。この2家は古くからの毛利氏の家臣だった。

これに対して益田家は石見国の戦国大名であった。歴史も古く、源義経

に従った益田兼高が祖である。

◆山口県ならではの名字

◎宇佐川（うさがわ）

全国の半数以上が山口県にある。長門の大内氏の庶流に宇佐川氏がある。戦国時代に毛利氏に属したが、のち周防国玖珂郡大原村（玖珂郡錦町）で帰農した。玖珂郡を流れる錦川の支流に宇佐川があり、これに由来する。男爵の宇佐川家も長州藩士出身である。

◎三分一（さんぶいち）

佐伯氏の子孫で、代々大内氏に仕えた。江戸時代は阿賀村（玖珂郡美和町）で帰農している。現在は岩国市から玖珂郡に集中している。

◎四熊（しくま）

周防国都濃郡四熊村（徳山市）がルーツ。江戸時代には徳山藩士に四熊家があった。現在は周南市に多い。柳井市などでは志熊とも書く。

◆山口県にルーツのある名字

◎阿川（あがわ）

山口県を中心に中国地方西部に多い名字で、長門国豊浦郡阿川（下関市豊北町）がルーツで、清和源氏と宇多源氏の2二系統がある。清和源氏系阿川氏はのちに武蔵に移って北条氏に仕えたことから、東京都日野市から八王子市にかけても集中している。

◎阿武（あんの）

長門国阿武郡阿武浦（阿武郡阿武町）がルーツ。北条氏系の阿武氏と宇多源氏の阿武氏がある。地名は現在では「あぶ」だが、古くは「あむ」であった。古代、阿武国造（あむのこくぞう）がおり、この末裔とみられる。現在も「あんの」が多く、「あぶ」は少ない。また、中世にはこの地名をルーツとする、北条氏系の阿武氏と宇多源氏の阿武氏もある。現在は萩市付近に集中している。

◎厚東（ことう）

長門国厚東郡厚東（宇部市）をルーツとする、鎌倉時代の名族。嫡流は室町時代に没落。本来は「ことう」だが、現在は「こうとう」とも読む。

◎末益（すえます）

山口県を中心に、広島県西部から福岡県北九州市にかけての名字。とくに山口県萩市と阿武町に集中しており、宇部市にも多い。周防国厚狭郡末益村（山陽小野田市）がルーツ。

I 歴史の文化編　47

◎光井(みつい)

　周防国熊毛郡光井（光市光井）がルーツで、安富氏の一族。代々大内氏に仕え、八海山城（光市）に拠った。大永3(1523)年安芸草津城に拠った光井兼種も一族。兼種の跡を継いだ隆貞は陶晴賢に属して毛利氏に敗れ、没落した。

◆珍しい名字
◎阿座上(あざかみ)

　山口県西部の名字で、長門国豊浦郡阿座上村（下関市）がルーツ。江戸時代は長州藩士となる。皆上など山口県と福岡県には「あさがみ」「あざかみ」と読む名字がいくつかあり、そのもとになるものとみられる。

◎馬酔(あせび)

　「馬酔木」と書いて「あしび」と読む俳句雑誌が有名だが、名字では「馬酔」と書いて「あせび」と読む。いずれも由来はツツジ科の植物であるアセビである。馬がこの葉を食べると酔ったようになるため、「馬酔」と書くようになったものである。

◎扣穀(きこく)

　田布施町にある名字。本来は枳穀だったが、戸籍登録の際の手違いで「扣穀」になったという。枳穀とはダイダイや夏ミカンなどの未成熟果実を乾燥した漢方薬。またカラタチの別称としても使われる。

◎金魚(きんぎょ)

　下関市にある珍しい名字。もとは廻船問屋で「魚屋金蔵」と称し、明治になって戸籍に登録する際に金魚にしたという。

◎五舛目(ごしょうめ)

　美祢市などにある名字。「舛」には本来「しょう」という読みはないが、名字では「升」と同じ意味で使われることから、「しょう」と読ませる。

◎目(さっか)

　目と書いて「さっか」と読む超難読名字で、宇部市と山陽小野田市に集中している。古代の朝廷の役職だった四等官の「さかん」に由来する。難読のため、読み方に従って作花、咲花などと変化したものもある。なお、大阪府泉佐野市に集中している目は「さかん」である。

◎洗湯(せんとう)

　岩国市玖珂町にある名字。洗湯とは公衆浴場のことで、湯につかるもの

を「洗湯」といって、蒸風呂と区別した。
◎二十八（つちや）

光市にある名字で、土屋から漢字が変化したもの。古語で「二十」のことを「つづ」といったことから、「つづや」→「つちや」となったものとみられる。

◎花表（とりい）

花表という名字は神社の鳥居に由来する。鳥居の起源については諸説あるが、その中に中国の華表が源であるという考え方がある。そこから、華表と書いて「とりい」と読ませる名字ができ、さらに「華」と「花」が同じ意味であることから、花表と書く名字が生まれた。長門市に集中している。

◎奈良定（ならさだ）

平安末期、東大寺再建のために周防国で伐り出された木材は、東大寺が任命した山行事職の橘 奈良定（たちばなのならさだ）が検査していた。のちの子孫は八坂村で土着し、奈良定を名字とした。現在も山口市徳地町八坂に子孫が残っている。

◎宝迫（ほうさこ）

光市の名字。同地の賀茂大明神の大宮司職の宝迫家は大内氏の祖である琳聖太子が来国した時に従って来たと伝える。

◎無敵（むてき）

無敵という名字は、殿様から貰ったものという。ある戦場で、抜群の働きをした武士に感動した殿様が「これからは無敵と名乗れ」といったと伝える。

〈難読名字クイズ解答〉
①いずち／②うたた／③がけおか／④かしも／⑤かみおか／⑥がんじょう／⑦きょうせん／⑧げずもと／⑨こうべ／⑩せんとう／⑪つちや／⑫ときよし／⑬とりい／⑭のうの／⑮むろた

Ⅰ　歴史の文化編

II

食の文化編

米/雑穀

地域の歴史的特徴

下関市綾羅木では、紀元前200年頃の遺跡から数百基もの貯蔵穴が見つかっている。小豆、麦、キビ、アワなどの穀物が貯蔵されていたことを示すものである。

7世紀には、大化の改新により、周防、長門の2国に統合された。室町時代には大内氏が防長2国を平定した。山口に京の都を模したまちをつくり、「西の京」とよばれるようになった。

毛利元就は一時、中国地方の全域に勢力を広げたものの、1600（慶長5）年の関が原の戦いで東軍に破れて領地を減らされ、居城を萩に築いた。吉田松陰、高杉晋作など優れた人材を輩出した長州藩は、明治維新を推進する中心的な役割を果たした。

江戸時代に、長州藩は新田や棚田を盛んに開発した。古くから稲作の基盤が整備されたことが、今日でもコメが山口県の農業産出額のトップを占めることにつながっている。山口県のコメの農業産出額に占める割合は32.2％で中国地方では最も高い。

現在の山口県は、1871（明治4）年の廃藩置県で誕生した。県名は、室町時代の大内氏の城下町名に由来する。山口の意味については、①山地、森林への入り口、②山地の縁、山裾の地、の2説があるが、本州の最西端に位置し、山が迫っている地勢から命名されたことは間違いない。

コメの概況

水稲の作付面積の全国順位は鹿児島県と並んで28位である。収穫量の全国順位は27位である。収穫量の多い市町村は、①山口市、②下関市、③萩市、④美祢市、⑤長門市、⑥周南市、⑦宇部市、⑧岩国市、⑨防府市、⑩山陽小野田市の順である。県内におけるシェアは、山口市24.2％、下関市17.6％、萩市8.6％、美祢市8.0％などで、山口、下関両市で4割以上を

生産している。

　山口県における水稲の作付比率は、うるち米94.7％、醸造用米2.9％、もち米2.4％、である。作付面積の全国シェアをみると、うるち米は1.4％で全国順位が佐賀県と並んで28位、醸造用米は2.9％で9位、もち米は0.9％で三重県と並んで26位である。

知っておきたいコメの品種

うるち米

（必須銘柄）コシヒカリ、晴るる、ひとめぼれ、ヒノヒカリ
（選択銘柄）あきたこまち、あきまつり、きぬむすめ、恋の予感、せとのにじ、中生新千本、にこまる、日本晴、ミルキークイーン、やまだわら

　うるち米の作付面積を品種別にみると、「コシヒカリ」(30.7％)、「ヒノヒカリ」(25.2％)、「ひとめぼれ」(24.9％)の順で、これら3品種が全体の80.8％を占めている。

- **コシヒカリ**　主産地は、萩市、山口市、周南市などである。収穫時期は9月上旬〜中旬である。2015（平成27）年産の1等米比率は79.7％だった。県中産「コシヒカリ」の食味ランキングはAである。
- **ヒノヒカリ**　主産地は、岩国市、下関市、山口市、宇部市などである。収穫時期は10月上旬である。2015（平成27）年産の1等米比率は77.6％だった。
- **ひとめぼれ**　主産地は山口市、下関市、長門市などである。収穫時期は9月上旬〜中旬である。県中産「ひとめぼれ」の食味ランキングはA'である。
- **きぬむすめ**　主産地は下関市、美祢市、長門市などである。収穫時期は9月下旬〜10月上旬である。県西産「きぬむすめ」の食味ランキングは2015（平成27）年以降2年連続で特Aに輝いた。
- **晴るる**　山口県が「ヤマホウシ」と「コシヒカリ」を交配し1997（平成9）年に育成した。主産地は美祢市などである。収穫時期は9月上旬〜中旬である。県西産「晴るる」の食味ランキングはAである。

Ⅱ　食の文化編

もち米

(必須銘柄) なし
(選択銘柄) ヒヨクモチ、マンゲツモチ、ミヤタマモチ

　もち米の作付面積の品種別比率は「ミヤタマモチ」が最も多く全体の45.8％を占め、「マンゲツモチ」(25.0％)、「ヒヨクモチ」(12.5％) がこれに続いている。これら3品種が全体の83.3％を占めている。

- **ミヤタマモチ**　宮崎県が「南海76号」と「みのたまもち」を交配して1990 (平成2) 年に育成した。倒伏しにくい多収品種である。

醸造用米

(必須銘柄) なし
(選択銘柄) 五百万石、西都の雫、白鶴錦、山田錦

　醸造用米の作付面積の品種別比率は「山田錦」が最も多く全体の86.2％を占め、「西都の雫」(10.3％)、「白鶴錦」(3.4％) がこれに続いている。

- **西都の雫**　山口県が「穀良都」と「西海222号」を交配して2004 (平成16) 年に育成した。西都は県都の山口市が「西の京」といわれることに因んでいる。雫は、淡麗でキレの良い酒をイメージしている。
- **白鶴錦**　兵庫県の白鶴酒造が「新山田穂1号」と「渡船2号」を交配し2004 (平成16) 年に育成したオリジナル品種である。

知っておきたい雑穀

❶小麦

　小麦の作付面積の全国順位は18位、収穫量は20位である。主産地は県内作付面積の47.7％を占める山口市である。これに下関市、宇部市、防府市、山陽小野田市などが続いている。

❷二条大麦

　二条大麦の作付面積、収穫量の全国順位はともに14位である。主産地は山口市で、作付面積は県内の61.3％を占めている。

❸はだか麦

　はだか麦の作付面積の全国順位は4位、収穫量は5位である。主産地は美祢市 (県内作付面積の48.0％) と山口市 (41.6％) である。防府市 (3.9％)、

阿武町（3.0％）などでも産出している。
❹そば
そばの作付面積は35位、収穫量の全国順位は37位である。産地は萩市、美祢市などである。
❺大豆
大豆の作付面積は25位、収穫量の全国順位は27位である。主産地は山口市、美祢市、長門市、下関市、萩市などである。栽培品種は「サチユタカ」「のんたぐろ」などである。
❻小豆
小豆の作付面積は24位、収穫量の全国順位は28位である。主産地は下関市、長門市、山口市などである。

コメ・雑穀関連施設

- **寝太郎堰**（寝太郎用水、山陽小野田市）　江戸時代中期に、山陽小野田市厚狭地区を貫流する厚狭川の本流を柳瀬付近でせき止め、固定堰を築いて千町ヶ原にかんがい用水を導入した。この事業を行ったのが伝説上の「厚狭の寝太郎」で、堰や用水の名前になっている。伝説によると、寝太郎は3年ほど寝て暮らした後、千石船に新品のぞうりを積んで佐渡の金山に行き、古ぞうりと交換した。この古ぞうりに付いていた砂金を集め、資金にした。
- **藍場川**（大溝、萩市）　疎水は、城下町のたたずまいを残す萩市平安古、江向、川島の武家屋敷地域を東西に流れている。毛利藩36万石の時代に、大溝として開削された。延長2.6km、幅員4mで、川岸は石で組まれている。当時から、かんがい用水だけでなく、生活用水や防火用水としても使われている。
- **常盤湖**（宇部市）　宇部の領主・福原広俊が農民からの訴えを聞き入れ、1695（元禄8）年に常盤湖の築堤に着手した。ため池、用水路などを含め1701（元禄14）年に工事が完成し、305haの水田にかんがい用水を供給できるようになった。湖は南北1.8km、東西1.3kmで、手のひらの形状で、指先にあたる北部には入り江がある。地元の実業家たちが湖周辺の土地を購入して市に寄贈し、1925（大正14）年にときわ公園が開設された。

- **長沢ため池**（阿武町）　1602（慶長7）年に、領主益田越中守元詳が、かんがい用に築造した。今も40ha余の水田に農業用水を提供し、地域の農業生産に貢献している。2004（平成16）年の改修をきっかけに、地元では特定農業法人を立ち上げ、ミネラル米の栽培に取り組んでいる。絶滅危惧種の淡水産貝「フネドブガイ」が生息している。
- **深坂ため池**（下関市）　毎年水不足に頭を痛めてきた下関市安岡地区で、明治の末期に、村の有志は河川の源流部にため池の築造を計画した。10年間で延べ13万人が工事に従事し、1924（大正13）年に完成した。現在も下流の水田300haを潤している。水は、ふぐ料理や瓦そばなど郷土料理に欠かせない特産の「安岡ネギ」の栽培にも貢献している。

コメ・雑穀の特色ある料理

- **岩国ずし**　別名「殿様ずし」ともいう。岩国藩主に命じられた料理番が、山頂にある岩国城への運搬や保存に便利な料理として考案したからである。炊いたご飯を酢飯にし、魚の身をほぐして混ぜ、木枠に詰める。その上に錦糸卵、岩国レンコンなどを飾り、仕切りに芭蕉の葉を敷き詰める。それらを重ね、木の蓋をして重石をのせて仕上げる。
- **岩国茶がゆ**　煎じた番茶にコメを入れて炊き上げる。番茶特有の味わいがコメにしみ込み風味がよい。炊き方には家々で秘訣があり、柳井地方では甘みを出すため、さつま芋も加えることが多い。約400年前の関が原の戦いの後、吉川広家が出雲富田14万石から岩国6万石に移封された際、家臣団を養うコメの節約のために始めた。
- **フク雑炊**　フグは、山口の貝塚から出土したフグの骨によって、3000年以上前から食べられていたことが判明している。フグのことを山口では、縁起をかついで「フク（福）」とよぶ。フクちりの鍋にご飯、卵を入れてつくる。卵巣や肝臓に毒があるため、一時は食用が禁止されていたが、伊藤博文が1888（明治21）年に下関でフグ料理を許可して広まった。
- **あんこずし**　祝い事や地区の祭りでつくられる押しずしの一つである。あんこは小豆ではなく、野菜などを調理した具のことである。これをすし飯の中に包み込んでつくる。コメが貴重だった時代にご飯の量を増すために考案された。

コメと伝統文化の例

- **稲穂祭り**（下松市）　五穀豊穣を祝い、実りの秋に感謝する祭りである。キツネに扮した新郎・新婦が、キツネの面を着けた大勢の親族や小狐などとともに旧山陽道の花岡の町を練り歩く「きつねの嫁入り」を中心とした「白狐伝説」の奇祭として知られる。開催日は毎年11月3日。
- **山崎八幡宮本山神事**（周南市）　本山神事は稲穂が実った後の鳥の害などを防ぐためだったが、現在は豊作を感謝する秋祭りと一体となって行われている。神事に係わる山車は、徳山藩主毛利元次が五穀豊穣を祈願して馬場を新設し、本山などを奉納したことで始まった。山車の組み立てにはくぎを使わなど古来のしきたりが続いている。開催日は9月下旬の土曜日（前夜祭）と日曜日（本祭）。
- **笑い講**（防府市）　防府市大道小俣地区で800年以上受け継がれている笑いの神事である。紋付き袴で正装した講員たちが、サカキを手に「ワーハッハッハッ」と3回笑い合う。笑い声の第1声は今年の豊作を喜んで、第2声は来年の豊作を祈って、第3声は今年苦しかったことや悲しかったことを忘れる笑いである。開催日は毎年12月の第1日曜日。
- **秋吉台の山焼き**（美祢市）　カルスト台地として知られる秋吉台の1,500 haの草地を燃やす日本最大級の野焼きである。草原の景観を維持し、山火事を防ぐほか、農業面では害虫を一斉に駆除するとともに、大量の灰を土に戻すことで肥料にするという意味もある。開催日は毎年2月の第3日曜日だが、天候によって延期されることもある。
- **お田植祭**（下関市）　下関市一の宮住吉の住吉神社で行われる五穀豊穣を祈願する神事である。約1800年前、神功皇后が住吉の大社を祭った際、コメを毎日備えるため苗を植えたことに由来する。神饌田で八乙女が稲を植え、あぜ道では早乙女が神楽に合わせて田植え舞を踊る。開催日は毎年5月の第3日曜日。

Ⅱ　食の文化編

こなもの

そばだま汁

地域の特色

本州の中国地方の西端に位置する県で、北部と西部は響灘・日本海に面し、南部は瀬戸内海に面する。日本海に面する地域は、冬に降水量が多く、季節風も強いが、対馬海流（暖流）の影響で比較的温暖である。瀬戸内海側は、周年にわたり温暖である。山間部は内陸性の気候である。大部分は、中国山地の西端部に当たる丘陵で、中部の丘陵地域は石灰石からなるカルスト地形秋吉台である。江戸時代には、この地を治めた長州藩主・毛利氏は、荒地の開拓や沿岸の干拓を行い、多くの新田や塩田を開いた。

食の歴史と文化

山口県の農業の中心は、稲作であり、主な栽培品種は「コシヒカリ」「晴るる」である。野菜ではレンコンの栽培が盛んである。果物では、日照時間が長く、水はけのよい土壌に適したかんきつ類（ミカン、イヨカン、ポンカン、ナツミカンなど）の栽培が盛んである。

漁業は、漁場が日本海や瀬戸内海にあり、東シナ海へも漁場としている。下関、萩、仙崎などのほか、多くの漁港があり、鮮魚の水揚げ基地として、蒲鉾などの加工品の生産地として栄えている。

郷土料理の「茶粥」は、昔、岩国地方で米の節約のために工夫された粥で、番茶で煮た粥である。萩地方の冠婚葬祭には、小豆、蒲鉾、白玉団子を入れて甘く煮た「いとこ煮」を作る。豊浦海岸地帯では、トコブシ（方言はずんべ）を入れた炊き込みご飯を、トコブシの獲れる春に作る。このご飯を「ずんべ飯」という。

山口の名物はフグ料理である。瀬戸内海・玄界灘・東シナ海などで漁獲されたトラフグは下関の漁港に一旦集まってから、各地に送られる。下関のフグが有名になったのは、明治28（1895）年に、伊藤博文が下関の「春帆楼」で食べたことに由来する。

> 知っておきたい郷土料理

だんご・まんじゅう類

①もぶりだんご

　小麦粉に水を少しずつ捏ね、丸めて蒸しただんごの回りに、黒砂糖を入れて炊いた小豆餡をまぶす。米粉を使っただんごもある。玖珂郡は米の少ない地域なので、小麦粉で作る。10月の亥の日に行う刈上げ祝いに作る。

②そばだんご

　そば粉で作るだんご。そば粉をこね鉢に入れ、水を加えて練る。だんごの中に少量の味噌や黒砂糖を入れて、平たいだんごに形づくり、茹でる。

③冷やしだんご

　お盆に仏壇に供える来客があったときにも提供する。原料のうるち米の粉ともち米の粉は寒ざらしして調製する。水または湯で練り、小さく丸めて茹でる。井戸水にさらして冷やし、白砂糖か中白糖をかけて食べる。

④送りだんご

　盆の8月16日の精霊を送るために作るだんごである。精霊流しには、麻幹（おがら）の舟にのせて流す。精霊流しに使った残りは、家族で白砂糖か黄な粉をかけて食べる。

　作り方は、だんご用の粉に少しずつ入れながら、だんごを作る硬さに捏ね、親指大にちぎって丸め、熱湯の中に入れて茹でる。浮き上がったら、掬って冷水にとり、ザルに移す。水気がとれたら白砂糖か黄な粉で食べる。

⑤いぎの葉だんご

　小麦粉に水を加えて練り、だんごの生地を作り、黒砂糖で味付けした小豆餡（エンドウマメや栗の餡でもよい）を包む。これをサルトリイバラの葉（錦町地区では「いぎの葉」という）で包み、蒸す。春先は、茹でたヨモギの芽を生地に入れてもよい。端午の節句には必ず作り、祝う。

⑥生まんじゅう

　祭り、農作業の休日、家族の誕生日などに作る。うるち米の粉に熱湯を加えて混ぜ、布巾で包んで蒸して搗き、まんじゅうの生地を作る。まんじゅうの上にのせる赤色や緑色の生地のために、少量を分けておく。白い生地で、小豆餡を包んだ後、花びらの型に形どる。この際、頂点になる部位

に小さな赤色や緑色の生地をおき、彩りよいまんじゅうに仕上げる。
⑦三角餅（みすみ）
　江戸時代に藤坂屋初代が三角餅の名で売り出した和菓子である。北海道産の小豆餡を包んだユニークな餅である。「三角餅」の名は、村上帝第三皇子の末裔が、この店に来て三角餅の呼び名としたといわれている。
⑧外郎（ういろう）
　山口のういろうの原料は、米粉、餅粉、葛粉、小豆粉のほかに、ワラビ粉、豆でん粉、葛根粉、小麦粉である。原料の種類が多いのが特徴で、室町時代後期の永正年間（1504〜21）に作られ始めたといわれている。
⑨舌鼓
　山口市は、室町時代に文化の花が咲き、「西の京」といわれるほど栄えた。山口市の銘菓「舌鼓」を製造している山陰堂（創業は明治16［1883］年）は、現在は山口市の米屋町という繁華街に店を構えた。「名菓　舌鼓」は、白餡が、柔らかな求肥で包まれていて、ふくよかな美味しさを感じる菓子で、一つずつ「舌鼓」の焼印がついている。
⑩亀の甲せんべい
　下関の煎餅である。文久年間（1861〜64）に、江戸の増田多左衛門は煎餅作りを習得し、長州藩の兄のもとで売り出した。小麦粉に、砂糖、卵、ゴマ、芥子の実を混ぜ合わせた生地を、型に流し込んだ手焼き煎餅。亀の甲の紋様で反っている。

めんの郷土料理

①そば切り
　雨の日に作る手打ちそば。醤油味または味噌味の汁で、具はダイコンの葉の干した「つり菜」やネギ。
②そば雑煮
　そばのつなぎには小麦粉を使う。あぶり魚でだしと味噌味の汁で具の山東菜、ネギ、水菜、いちょう切りしたダイコンなどを煮て、そばにかける。

▶長門市の「大日比ナツミカン原木」は国の天然記念物

くだもの

地勢と気候

　山口県は、本州の最西端に位置し、西と北は響灘と日本海、南は瀬戸内海に面し、長い海岸線をもっている。秋吉台には、石灰岩が水に溶けるためにできたカルスト地形が発達し、130km²にわたる日本で最も広いカルスト台地を形成している。

　冬季、萩や下関など県の北部や西部では黄海や日本海からの北西の季節風を直接受けるため、風が強い。一日の最高気温と最低気温の差を示す日較差は、春、秋には関門海峡に面した下関が約6℃なのに対し、内陸部の県都、山口市では約11℃になっている。

知っておきたい果物

クリ　クリの栽培面積の全国順位は5位、収穫量は7位である。主産地は岩国市、美祢市などである。出荷時期は9月中旬～11月下旬頃である。岩国市旧美和町は、大粒な晩生種の「岸根栗」の原産地である。「岸根栗」は1粒の大きさが普通のクリの1.5倍あり、重さは30g前後、なかには70gの実ができることもある。

　美祢市は中山間地域で寒暖の差が大きく、土壌が適していることもあってクリの栽培が盛んである。同市厚保地区と、その周辺地域産のクリは「厚保くり」として地域ブランドに登録されている。「厚保くり」は大玉である。

ナツミカン　夏ミカンとも書く。ナツミカンの栽培面積の全国順位は4位、収穫量は10位である。主産地は萩市で、長門市、阿武町などでも生産している。出荷時期は4月上旬～5月下旬頃である。

　ナツミカンは江戸時代に長門市青海島で偶然発生した。原木は「大日比ナツミカン原木」として国の天然記念物に指定されている。ナツミカンの花は山口県の県花である。

　萩市では、1876（明治9）年に、元武士たちが生活の糧にするため、武

Ⅱ　食の文化編　　61

家屋敷の中でナツミカンの栽培を大々的に開始した。白い土塀から枝を張り出してたわわに実る城下町独特の景観は今日まで残っている。

セトミ　農林統計によると、主な生産地は山口県だけである。山口県が清見と山口県原産の「吉浦ポンカン」を交配して育成し、2004（平成16）年に品種登録された。主産地は周防大島町、萩市、下関市などである。出荷時期は3月上旬〜4月下旬頃である。

「セトミ」のうち、糖度14度以上など一定の品質基準を満たしたものを「ゆめほっぺ」とよんでいる。「ゆめほっぺ」はJA全農やまぐちの登録商標である。

ナガトユズキチ　長門ユズキチとも書く。萩市原産の香酸かんきつで、本格的に出荷しているのは山口県だけである。生産地は長門市、萩市、下関市などである。出荷時期は8月中旬〜10月下旬頃である。他の香酸かんきつより大きめで、ユズとスダチをブレンドしたようなまろやかな香りが特徴である。山口県長門地域産のユズキチは「長門ゆずきち」として地域ブランドに登録されている。

伊予カン　伊予カンの栽培面積の全国順位は3位、収穫量は4位である。主産地は周防大島町、萩市、柳井市などである。

リンゴ　リンゴの栽培面積の全国順位は17位、収穫量は15位である。主産地は山口市である。出荷時期は8月上旬〜11月下旬頃である。山口市阿東町は県内産リンゴの主力産地である。阿東町徳佐でのリンゴ栽培は1946（昭和21）年に始まった。16のリンゴ園から成る徳佐リンゴ園は24haで、リンゴの南限地近辺では最大の広さをもつ観光リンゴ園である。

ミカン　ミカンの栽培面積の全国順位は16位、収穫量は18位である。主産地は周防大島町で、下関市、防府市、柳井市、宇部市などでも生産している。

周防大島町は、雨が少なく、日当たりや水はけの良いことから栽培が盛んで、県内産の約8割を生産している。出荷時期は9月下旬〜2月下旬頃である。

宇部市の「西岐波みかん」の栽培は、米の減反政策の一環として半世紀以上前に西岐波の丘陵地を開墾して始まった。1963（昭和38）年には西岐波みかん生産組合が発足している。栽培品種は「宮川早生」「南柑4号」「大津4号」などである。栽培面積は最盛期の3分の1程度に減少している。

日本ナシ

日本ナシの栽培面積の全国順位は18位、収穫量は24位である。栽培品種は「幸水」「豊水」「二十世紀」などである。主産地は下関市、美祢市などである。出荷時期は8月上旬～11月下旬頃である。

「秋芳梨(しゅうほう)」で知られる美祢市秋芳町に「二十世紀」が導入されたのは1904（明治37）年である。今日、ナシ園の多くはカルスト台地である秋吉台石灰岩地帯の山麓などに広がっている。このあたりは、長い年月で風化、浸食された石灰分が流入し、土壌の水はけが良い。土壌には、草原の草などを堆肥にした肥沃な有機物が豊富に含まれており、昼夜の気温差が大きいといったナシ栽培の条件に恵まれていたため、ナシ園が広がった。秋芳梨生産販売協同組合が結成されたのは1955（昭和30）年である。

阿武町福賀地域では1973（昭和48）年に福賀梨生産組合を発足させ、共同で生産、出荷を行っている。栽培品種は「南水」「二十世紀」「豊水」などである。福賀という地名から「福が来る」縁起物を前面に押し出し「福賀のナシ」として出荷している。

スイカ

スイカの作付面積の全国順位は19位、収穫量は22位である。主産地は萩市、長門市、阿武町などである。出荷時期は6月上旬～8月下旬頃である。

萩から北に約1.4kmの沖合に浮かぶ萩市相島(あい)は火山活動に伴う隆起によってできた島である。火山灰性の土壌で水はけが良く、気候が安定していることもあり、スイカの栽培が盛んで約40年の歴史がある。「相島スイカ」として主に山口県内の市場に出荷している。

標高350～400mで、準高冷地である阿武町福賀地域は、その肥沃な土地と、昼夜の温度差を生かして「福賀すいか」を生産している。スイカの成長過程でミネラル塩を施肥する「ミネラルすいか」でもある。これによって独特のシャリ感が増し、農薬や化学肥料の削減にもつながっている。

ビワ

ビワの栽培面積の全国順位は14位、収穫量は17位である。主産地は上関町、萩市などである。収穫時期は5月～6月頃である。上関町祝島産のビワは「祝島びわ」とよばれる。

キウイ

キウイの栽培面積の全国順位は新潟県と並んで18位である。収穫量の全国順位は17位である。栽培品種は「ヘイワード」などである。主産地は阿武町などである。収穫時期は11月下旬、出荷時期は12月上旬～3月下旬頃である。

ウメ 　ウメの栽培面積の全国順位は18位、収穫量は25位である。主産地は光市、下松市などである。収穫時期は5月下旬～6月頃である。

桃 　桃の栽培面積の全国順位は20位、収穫量は26位である。栽培品種は「あかつき」「よしひめ」「川中島白桃」などである。主産地は萩市などである。収穫時期は7月上旬～8月上旬頃である。

イチジク 　イチジクの栽培面積の全国順位は28位、収穫量は24位である。主産地は田布施町、岩国市、光市などである。収穫は7月～9月頃である。

ブルーベリー 　ブルーベリーの栽培面積の全国順位は30位、収穫量は29位である。主産地は美祢市、下関市、光市などである。収穫時期は6月中旬～8月中旬頃である。

ブドウ 　ブドウの栽培面積の全国順位は京都府と並んで32位である。収穫量の全国順位は38位である。主産地は周南市などである。出荷時期は8月中旬～10月中旬頃である。

周南市北部の須金地区では、16haのブドウ畑で「巨峰」「ピオーネ」「安芸クイーン」「シャインマスカット」などを生産し、「須金ブドウ」として出荷している。

カキ 　カキの栽培面積の全国順位は25位、収穫量は32位である。栽培品種は「西条」などである。主産地は萩市、美祢市などである。出荷時期は10月上旬～11月中旬頃である。

スモモ 　スモモの栽培面積の全国順位は新潟県、大阪府と並んで32位である。収穫量の全国順位は41位である。

イチゴ 　栽培品種は「とよのか」「さちのか」などである。産地は柳井市、山口市、長門市、下関市などである。ハウス栽培が中心で、出荷時期は11月上旬～6月下旬頃である。

地元が提案する食べ方と加工品の例

果物の食べ方

みかん鍋（周防大島町）

　野菜や魚介と一緒に、焼いたミカンをまるごと入れたミカンの産地ならではの郷土料理。海鮮鍋料理の一種で、地魚のつみれも入れる。ミカンコ

ショウで風味を付けて食べる。

ゆずきち豆腐ゼリー（JA 全農やまぐち）

　豆腐と牛乳をミキサーでかくはんし、鍋に移して中火にかけ砂糖とゼラチンを加える。粗熱をとってナガトユズキチの果汁を加えて型に流し、冷蔵庫で冷やし、固める。

伊予柑寿司（JA 全農やまぐち）

　伊予カンの上部4分の1を切って果肉を取り出し、器にする。炊きあがったご飯に合わせ酢を混ぜ、焼きアナゴ、ゆでた海老、伊予カンの果肉などを混ぜて、器に盛って具を飾る。

みかんのスープ（JA 全農やまぐち）

　鍋に水、固形スープ、ニンジンを入れて火にかけ、沸騰したらごはんを入れて煮、粗熱をとってミキサーに。これを鍋に戻し、ミカンの絞り汁などを加え、沸騰前に器に注ぐ。

焼き梅干しとごまのご飯（JA 全農やまぐち）

　米と、フライパンで焼き付けるようにして表面に焼き色をつけた梅干しを炊飯器で炊き、炊きあがったら梅干しをほぐしながら混ぜる。茶碗に盛って炒りごまをかける。

果物加工品

- 大したジャム蜜柑　柳井市生活改善実行グループ連絡協議会大畠特産開発部、やまぐち農山漁村女性起業統一ブランド「やまみちゃん」認定

消費者向け取り組み

- かんきつ公園　萩市
- 相島スイカ作りオーナー　萩市相島、相島スイカ作りオーナー実行委員会が募集

魚 食

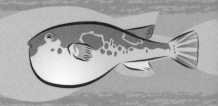

地域の特性

本州の最西端に位置し、北部は日本海に面し、南部は瀬戸内海に面していて、海産物には恵まれている。中国山地を境に、日本海沿岸、瀬戸内海沿岸、山間部に分けられている。海岸線は複雑で、周辺には約240の島々が存在している。日本沿岸の漁場は、日本海と瀬戸内海とに分けられる。日本海沿岸での漁獲量や魚種は多い。日本海側と瀬戸内海側とでは、漁獲される魚種には違いがみられる。主な漁港は下関、見島、萩、仙崎、川尻などがある。下関から神田岬の面する日本海は響灘といわれる。地域により気候に大きな違いがある。瀬戸内海に面する沿岸は一年中温暖であるのに対し、日本海に面する沿岸は対馬海流の影響で温暖ではあるが、季節風が強いので寒く感じることもある。山口県の北側はリマン海流に洗われるので、寒冷多雨である。南側は夕凪が現れ、温暖少雨となる。黒潮が分流するところなので、日本海のほうへ回遊する魚類と、太平洋へ回遊する魚類に分かれるところでもある。日本海側には阿武川が注ぎ、瀬戸内海には島田川や厚東川が注ぐ。

魚食の歴史と文化

山口県の代表的魚料理としてフグ料理がある。フグの季節には、下関の魚市場の独特のフグのセリ風景は、下関の風物詩となっている。長州（山口県）の政治家・伊藤博文（1841～1909、明治政府での帝国憲法の制定、天皇制確立に尽力したことは有名）はフグ料理が好物であり、しばしば食べていたという伝説は有名である。ふぐ料理は捌き方にミスが生じた場合はフグのもつ毒性成分の中毒を起こすことから、安全なフグ料理を作る店を認可することになった。フグ料理の店として認可された第一号店は、1888（明治21）年で、伊藤博文が行きつけの店としていた下関の「春帆楼」で、伊藤博文が認可したといわれている。山口県は古くから水産加工の会

社があり、現在も伝承され、山口独特の表面にシワのある蒲鉾を提供している。

知っておきたい伝統食品・郷土料理

地域の魚介類

早春には、ベラ・カタクチイワシ・シロウオ・デビラカレイ・トリガイ・ミルガイ・ウニが獲れる。カタクチイワシは煮干やいりこ（カタクチイワシの稚魚の煮干し）の加工の材料となる。初夏にはクルマエビ・イシモチ・マダイ・チダイ・キス・イガイ・サザエの旬となる。夏にはハマチ・オコゼ・スズキ・マダコなど、また秋にはママカリ・ヒラメ・マイワシ・マサバ・クエ・ブリ・トラフグ・ナマコなどが美味しくなる時期である。養殖物にはブリ・マダイ・ヒラメ・ワカメがある。下関のウニの瓶詰めは、日本の代表的珍味の一つとなっている。春には海藻のオゴやワカメの採集が始まる。

川魚には、春のハヤ・ニジマス、初夏のコイ、夏のアユ・ウナギ、冬のフナがある。

最近、利用の多い魚介類は、トラフグ（下関）、瀬付きマアジ（やまぐち瀬付きアジ）、アンコウ（下関港アンコウ）、ハモ（周防瀬戸のハモ）、タチウオ（周防瀬戸のタチウオ）、ヒメジ（萩の金太郎）、アマダイ（やまぐちのあまだい）、ケンサキイカ（やまぐちの剣先イカ）、クルマエビ（秋穂のクルマエビ）などである。

伝統食品・郷土料理

①アナゴの料理
- あなご飯　赤間神宮の先帝祭りに、あなご飯を作る。関門海峡で漁獲されるアナゴを使う。肉質が軟らかいので評判がよい。

②すし類
- 岩国ずし　岩国の殿様ずしともいう。すし飯にサワラを細かく切って混ぜ、四角の木の枠に詰め、シイタケ・カンピョウ・紅ショウガ・エビ・金糸卵をのせて、五段に重ねて行く。最後に蓋をして、人がのって押しをし、切り分けて皿に盛る。
- からずし　卵の花ずし、おからずしともいう。イワシ、コノシロを卯の花（きらず）で漬けるすし。イワシ・コノシロを背開きし、酢に漬けて

おく。炒ったおからを、醤油・酢・塩で調味して、針ショウガ、麻の実を混ぜ、魚の腹に詰める。

③シロウオ料理
- シロウオ　岩国の錦帯橋一帯や萩の松本川の雁島橋付近で獲れるシロウオは、ウニ和え、天ぷらにする。

④蒲鉾
- 白焼き蒲鉾（抜き板蒲鉾）　山口県特産の蒲鉾で焼き色がついていない白い焼き抜き板蒲鉾である。加熱後、室温でするため、表面にきれいなちりめんシワが出来る。原料はエソと小ダイを使用している。ぷりんぷりんとした独特の食感が特徴。

⑤ベラ料理
- べらの酢漬け　春の瀬戸内海で釣れるベラをほどほどの焦げ目に焼いてから、刻みトウガラシと一緒に南蛮漬けにしたもの。

⑥ふく料理

フグは福を呼ぶという意味でフクと読む。晩秋から早春までが旬である。肝臓のほか種類によって毒成分を含む。下関の郷土料理にふくまれている。刺身、から揚げ、鍋、総帥などのコースがある。薄切りしたフグの刺身は醤油とダイダイ酢の中に刻みワケギ、モミジオロシを入れ、これに刺身をつけて食べる。

⑦タイ料理
- タイの麹煮　麹に少量の酒を加え、マダイを3～4日漬け込む。珍味である。
- 浜焼きだい　マダイに多めの塩をし、弓なりに串に刺して焼き上げる。もともとは、入浜塩田の釜の余熱で、魚を焼いていた。今では、祝い事に作られる。
- 茶碗蒸しの刺身　獲れたてのマダイやコチを刺身に形で茶碗に入れ、熱湯を注ぐ。

⑧ウニ料理
- 生ウニ　ワサビ醤油をつけて食べる。
- うに茶漬け　ご飯の上にウニ、刻みノリをのせたお茶漬け。
- ウニの炊き込みご飯（ウニ飯）　ウニを具にして醤油味の炊き込みご飯。
- ウニの瓶詰め　粒ウニの塩蔵品（塩辛）を瓶詰めしたものと、形の崩れ

たウニの塩蔵品を瓶詰めの「泥ウニ」がある。
⑨アユ料理
- **アユの魚田**　アユの素焼きにユズ味噌を塗ったもの。
⑩クジラ料理
　捕鯨基地であった下関や青海島では、クジラを利用した料理が供されている。赤身肉や尾の身、舌（さえずり）などの刺身、から揚げ、クジラ汁、脂肪層（ブラバー）の辛子味噌和えなど。
⑪その他
- **せとがい飯**　セトガイとはイガイのこと。イガイ・ニンジン・ゴボウ・シイタケ・コンニャク・油揚げなどと醬油・砂糖・味醂・酒で調味し、炊き上げたご飯のことで、強い磯の香りがある。
- **すり流し汁**　魚のすり身を材料にした汁。魚の種類は白身の魚が使われ、味つけは味噌仕立てにする。
- **たこ飯**　塩茹でしたマダコの中に飯粒を詰め、1時間ほどおいてから輪切りし、酢漬けショウガを添えて食べる。
- **おばいけ**　クジラの白皮の部分（皮の下の脂肪の部分）を薄く切り、湯通しして脂肪を除いた白色のものが「おばいけ」という。刺身や酢味噌で食べる。年越しに用意する料理の一つ。
- **油焼き**　白身魚の切り身を薄塩で焼いて、ダシ汁をかける。
- **ずんべい**　よめのさら飯、べべの皿飯ともいわれる。ドンベイ（トコブシ）を入れた炊き込みご飯。
- **北浦海鮮汁**　長門地区の北浦の郷土料理。カメノテ、イセエビ、ニナ（タニシの仲間のウミニナ）などの貝類を水に入れて煮立て、味噌味に仕立ててから、刻んだズイキを散らしたもの。

おばいけ
(さらしクジラ)

▼山口市の1世帯当たりの食肉購入量の変化 (g)

年度	生鮮肉	牛肉	豚肉	鶏肉	その他の肉
2001	38,684	11,447	10,970	12,373	2,269
2006	44,258	10,102	13,913	15,810	2,101
2011	45,192	9,271	15,084	16,079	2,188

　山口県は、本州の西端に位置し、中国山地を境に日本海沿岸・瀬戸内海沿岸・山間部に分けられる。平地は少なく、標高の低い山地や丘陵が多い。下関を中心とする漁港には、日本海、響灘・瀬戸内海などの海域で漁獲された魚介類が、仙崎、浜田、下関などに水揚げされる。一方、山地の麓や丘陵地帯では放牧地が開設されている。

　山口県は日本在来牛の発祥の地である。和牛の原型の見島牛は、山口県の萩市の北西44kmの日本海にある見島で飼われてきた。黒褐色の小さな在来のウシで、室町時代に朝鮮半島から渡来した姿をそのまま残している。多くの日本のウシは、明治時代に渡来した西洋種と交配されて現在の和牛が出来上がっている。室町時代に朝鮮半島から渡来した姿をそのまま残しているのが見島牛である。見島牛は明治時代以前の日本のウシの特徴を残しているので、1928（昭和3）年に見島牛の産地が国の天然記念物に指定されている。原産地が山口県のウシには、無角和種がある。これは山口県阿武町で飼育している。このウシは欧米のアバディーン・アンガスとの和牛改良和種との交配により肉牛が開発されるなど、日本の肉牛の開発には重要な銘柄牛となっている。

　山口県は中国山脈を境に、日本海側、瀬戸内海沿岸、山間部に分けられている。大部分が標高の高くない丘陵や山地であり、この地形を利用し肉牛の飼育を行っている。

　経済活動を含め各分野でグローバル化の必要性が取り上げられている中、畜産関係も海外との経済活動は避けては通れなくなっている。山口県としても、国内の優秀な銘柄肉牛を開発し、飼育するだけでなく、畜産農家の

凡例　生鮮肉、牛肉、豚肉、鶏肉の購入量の出所は総理府発行の「家計調査」による

海外との経済活動に支援を考えている。山口県は離島の活性化の目的で、離島での養豚の企画をし、希望者を求めている。離島は海からの潮風など豊かな自然での養豚業の適正化をねらっている。

　山口県は、漁業や水産加工業も盛んなところであるが、山口市の1世帯当たりの生鮮肉や牛肉の購入量は、おおむね中国地方のそれより多い。山口市の豚肉の購入量は、中国地方の豚肉の購入量より少ない。これらの傾向から山口市の牛肉志向がみえる。

　各年度の生鮮肉に対する各食肉の購入量の割合を考察すると、牛肉については2001年度から小さくなっている。これに対して豚肉の購入量の割合は2001年度＜2006年度＜2011年度となっている。総じて鶏肉の購入量の割合が30〜35％になっている。中国地方の鶏肉の購入量の割合（31.0〜33.7％）とほぼ同じ傾向にある。

　和牛の発祥の地の山口県の1世帯当たりの食肉の購入量が鶏肉である。

知っておきたい牛肉と郷土料理

銘柄牛の種類

❶見島牛

　日本の牛の中で在来種の姿を最もよく残し、日本の黒毛和種の祖先の形を残している。現在も、山口県萩市の北西の日本海上にある見島で飼育されている。見島牛は、萩市の北方45kmの日本海に浮かぶ「見島」に棲息していた黒毛和種である。何世紀にわたって、純粋な和牛の血統を守り続け、第二次世界大戦後、役牛として600頭前後がいた。農業の機械化に伴い、役牛は減少したが、1928（昭和3）年に国の天然記念物として指定されていた見島牛は、見島牛保存会の努力により2000（平成12）年には、雌83頭、雄15頭が残されることになった。和牛の霜降り肉の「起源」であり、和牛本来の「自然な霜降り肉」をもっているのが見島牛である。最近の、食嗜好に関して「霜降り肉」への満足感があげられているが、食べた後の口腔内がやたらと脂っぽく感じる霜降り肉でなく、赤身肉のうま味やコク味を邪魔しないように存在しているが、天然記念物としての見島牛の魅力である。

　現在、和牛として流通している黒毛和種は、明治時代に、在来の和牛に

多くの外国種を交配して造成されたものである。現在の食肉の表示に「国産」や「外国産」といった複雑な注釈がついているのは、外国の品種の導入があったからである。

生まれた見島牛の雄が、繁殖用を除き去勢されて食肉用に回される。その肉質の筋線維がきめ細かく、脂肪の交雑は多く、優秀な霜降り肉を生産する。市場に出回るのは年間に12～13頭で幻の超高級肉である。

現在、見島牛はバイオテクノロジーの活用により保存に活路を見出している。

❷無角和牛(むかくわぎゅう)

山口県のみが飼育している品種で、他の県ではみられない、日本で唯一の角の無い肉牛である。粗食で、性格も穏やかである。赤身肉が多く、霜降り肉が少ない。近年の市場では霜降り肉を好むので、霜降り肉が評価の対象となっている黒毛和種に比べると半値に近いようである。私たちヒトの健康面から、脂肪含有量の少ない赤身肉に対する志向が高くなってきているので、無角和牛が注目される日が近いうちに到来するであろう。現在は年間50頭ほどしか飼育されていないが、無角和牛は美味しくコクのある赤肉の量が多い。脂肪含有量も少ないので、脂肪の摂り過ぎを気にしている人には人気の肉で、最近は東京・神奈川などの関東地方の有名レストランやホテルのレストランでの取り扱いが多くなっている。

❸秋吉台高原牛(あきよしだいこうげんぎゅう)

秋吉台のカルスト高原の豊かな自然の中で肥育されている黒毛和種。肉質は和牛独特の風味をもち、軟らかで、子供も高齢者も抵抗なく美味しく食べられる。霜降り肉より赤身肉の多い銘柄牛である。

❹防長和牛(ぼうちょうわぎゅう)

生産農家は2軒だけが指定されて育成しているという限定された黒毛和種。本品種の枝肉の取引に当たっては、売買人が生産農家、家畜市場、食肉センターへ直接出向いて、商品の確認、さらに品質向上のための意見交換をしてから購入するという難しい取引の過程がある。生産者と売買人との間の意見交換により肥育期間を長くし、より一層甘みとコクのある肉質が造成できるような工夫も取り組んでいる。

❺皇牛(すめらぎぎゅう)

全体的に余分な脂肪は少なくし、その代わりにロースの部位が多いのが

特徴。飼料の大麦は大量に、かつ長期間給与して肥育するので、あっさりした甘みのある肉である。天然記念物の見島牛の血統を受け継ぎ、外国の牛の影響は全く受けていないので、日本の肉牛のルーツを守っている黒毛和種である。現在は、100頭前後しか残っていない。天然記念物に指定されている。

日本の肉牛のルーツを受け継いでいる黒毛和種の遺伝的な特徴は、美しい「霜降り肉」が形成されることにある。その遺伝子を受け継いでいるのが皇牛や見島牛である。

❻高森牛(たかもりうし)

山口県岩国市周東地域で飼育している黒毛和種である。周東地区は、明治時代初期から畜産業が盛んであり、そのころから全国の良牛を扱っていたことから、現在の銘柄牛の開発へ繋がったと考えられる。飼育に使う飼料については、配合飼料を使わず何種類かの食材を混ぜて、給与している。枝肉は赤身肉が多く、脂肪の混入量は少ない。赤身肉は非常に美味しく、その美味しさを保つために生産者は努力している。仔牛の時代から飼育・健康・出荷まで、高森地区の生産者同士が管理している。周東町営の食肉センターが高森牛だけを加工・処理をしている。

❼見蘭牛(けんらんぎゅう)

1973（昭和48）年に、和牛のルーツである雄の見島牛と雌のオランダ原産ホルスタイン種を交配してできた交雑種。見島牛の霜降りを受け継いでいるウシ。すき焼き、焼肉、しゃぶしゃぶなどにも適している肉質である。

見蘭牛のお薦め料理は、地産地消メニューの「見蘭牛肉100％使用のハンバーグとご飯」のセットであると地元では推奨している。ハンバーグの中からあふれるジューシーな肉汁に自家製のみかんポン酢ソースがベストマッチである。

牛肉料理 山口県のウシは和牛のルーツである見島牛の影響を受けているので赤身肉が美味しい。したがって、赤身肉のうま味を生かした調理法が望ましい。料理としてはすき焼き、ステーキ、串焼き、煮込み料理、たたきなどが多い。岩国には牛汁がある。肉のうま味が溶出した汁は、和食との組み合わせによい。

Ⅱ　食の文化編　73

知っておきたい豚肉と郷土料理

銘柄豚の種類

❶鹿野高原豚
周南市にある「鹿野ファーム」の農場で飼育している。四元交配により生まれた「ハイポー豚」で、肉質は軟らかくキメ細かい。豚肉本来のうま味も十分に味わえる。飼育している場所は、山口県で最長の錦川の源流の清流が流れる地域である。山間にあるため夏は涼しくストレスのない環境の中にファームがあり、徹底した衛生管理のもとで飼育している。このファームではソーセージも加工している。

❷山口高原豚
山口県の自然豊かな環境で飼育している。この高原豚はコクがあり、歯切れがよい。

豚肉料理
山口県のみに存在する豚肉料理はない。トンカツ、焼肉など、豚肉を使わなければならない料理には豚肉を使っているが、山口県独特の郷土料理はない。浅い鍋でつくるもつ鍋の「とんちゃん鍋がある。」

- **高原豚の料理** ロースの部位のカツが美味しく、ロースは「高原ハム」の名で売り続けている。ゆで豚（かたまの肉をネギや生姜の入った湯の中で茹でる）をワサビ醤油や和風マヨネーズで食べる。

知っておきたい鶏肉と郷土料理

山口県の銘柄鶏の種類は、ウシの銘柄の種類と比較すると少ない。

❶長州赤どり
恵まれた自然環境の中で、徹底した衛生管理のもとで飼育されている。自然環境での平飼いで十分な運動をさせているので、赤み色の肉質は締まりがあり、野性味溢れている。適度な脂肪含有量により一層のコクとうま味が味わえる。品種はハーバードレッドブロである。

❷長州どり
長州赤どりと同様に、豊かな自然環境の中で飼育している。長州赤どりも長州どりも深川養鶏農業協同組合が飼育している。品種はコブ、チャン

キーである。
- **いとこ煮** 祝い膳として提供される鶏の郷土料理。甘いあずきを吸物の材料（こんにゃく、ごぼう、シイタケ、かまぼこ、鶏肉）と合わせて食べる。
- **炭火焼き** 食べやすい大きさに切った肉や内臓などを炭火で焼く。その他串焼き、照り焼きなどがある。
- **鶏飯** 昔は、卵を産まなくなった鶏の肉、皮などを入れてご飯を炊いた。現在は地鶏の「長州どり」「穂垂れ米」にニンジンや椎茸を入れて炊く。

知っておきたいその他の肉と郷土料理・ジビエ料理

- **鯨肉入りまぜご飯** 節分の夕食には、クジラの肉、ニンジン、ごぼうなどを入れた炊き込みご飯を食べる。
- **おばいけ** さらしクジラともいう。かつては、下関は捕鯨の基地であった。その名残で、今も鯨料理の店は多い。クジラの黒い皮つきの脂肪組織（ブラバー）を薄く切って米ぬかをまぶし、熱湯に通す。脂肪組織はスポンジ状の白皮の「おばいけ」ができる。歯ごたえがあり酢味噌で食べる。
- **くじら飯** 大晦日に食べる郷土料理。昔から大晦日にクジラを食べると、クジラのように大きな年、すなわち、豊作で健やかに成長できる幸せな一年を迎えることができるといわれている。このような願いを込めて大晦日に食べた。また、県内には節分に、クジラとこんにゃくの煮物を食べる習慣もある。鯨肉、ごぼう、こんにゃく、しいたけを醤油と酒、砂糖で煮て、ご飯の上に汁ごと掛けていただく。

山口県のジビエ料理

山口県も野生のイノシシやシカによる被害を防ぐ対策を考えている。野生の獣類を食用に利用するためには、衛生的な処理を行わなければ、寄生虫や中毒菌による健康被害が発症する。山口県では、下関に「みのりの丘ジビエセンター」を建設した。ここで、年間600頭前後の処理をし、食肉や加工の利用に提供している。

- **ミンチにしてカツやソーセージに** 「みのりの丘ジビエセンター」で処理した肉（イノシシ肉やシカ肉）のロースやももとを混合し、ミンチして、ウインナーソーセージやメンチカツの材料としている。下関の直売

店やレストランで販売している。
- **シシ鍋** 山口県の猟師料理のしし鍋（牡丹鍋）は、白味噌仕立ての鍋料理として知られるが、豊田町地域では醤油味のしし鍋に仕立てる。
- **鹿肉のステーキ** 豊田町の道の駅では「シカ肉ステーキ」を提供している。

地　鶏

▼山口市の1世帯当たり年間鶏肉・鶏卵購入量

種　類	生鮮肉（g）	鶏肉（g）	やきとり（円）	鶏卵（g）
2000年	41,290	10,304	1,430	33,428
2005年	41,388	13,459	1,184	31,362
2010年	48,330	15,562	1,617	37,184

　山口県は、日本海に面している地域、瀬戸内海に面している地域、山間部の3つ地域に分けられている。瀬戸内海や日本海に面している地域には漁港も多い。水産加工会社も多く、山口県の蒲鉾は人気である。気候が温暖で、水はけのよい土壌であるのでかんきつ類の生産も多い。畜産では、日本の黒毛牛のルーツといわれている見島牛、無角和牛の飼育で有名である。

　地鶏・銘柄鳥では、長門地どり、長州地どり、長州赤どり、長州黒かしわなどがある。長門地どり（生産者；深川養鶏農業協同組合）を自然環境豊かなところで、時間をかけて飼育している。

　2000年、2005年、2010年の山口市の1世帯当たりの生鮮肉、鶏肉の購入量は、2000年よりも2005年、2005年よりも2010年と増加している。近県の県庁所在地の生鮮肉、鶏肉の購入量を比較すると、山口市の1世帯当たりの購入量が多くなっている。山口市の1世帯当たりのやきとりの購入金額は、2000年が非常に少なく、2000年、2005年に比べると、2010年は多くなっている。鶏卵は、2000年より2005年、2005年より2010年が増加している。

知っておきたい鶏肉、卵を使った料理

- **長門のやきとり**　長門市のやきとりは、牛肉、牛ばら肉を中心とした豚肉、鳥肉が混在したスタイルのお店が多いが、ガーリックパウダーが、一味や七味唐辛子と共にテーブルに置かれて、好みに合わせてかける点が特徴。この地域は養鶏業も盛んで、長州どりや長州赤どりなどの銘柄

Ⅱ　食の文化編

鳥も育てられている。長門市は、北海道の室蘭市と美唄市、福島県福島市、埼玉県東松山市、山口県長門市、福岡県久留米市とともに、"日本七大やきとりの街"といわれる。また、"世界一長い焼鳥"の競争を、福島県川俣町や和歌山県日高川町と繰り広げている。

- **肝焼き** 萩市に伝わる郷土料理。かつては、雉や山鳥の肝を味噌漬けにして保存食とした。食べるときに焼いてからし醤油やしょうが醤油でいただく。

卵を使った菓子

- **かすてらせんべい** 小麦粉と卵、砂糖、水あめで作った生地を板状に焼いて、温かいうちにロール状に巻いた焼き菓子。切り分けに使う専用の小型のこぎりが付いている。開封してすぐに食べればパリッとした煎餅の食感が楽しめ、少し置けばカステラ風の食感が楽しめる。
- **阿わ雪** 老舗の「松琴堂」が作る下関銘菓の和菓子。卵白と寒天、砂糖でつくる、独特の口あたりと口溶けが特徴の純白のお菓子。頼りなげでありながら、芯が通っていて、でも口の中に入れると"淡雪"のようにすぐに溶けて、甘さが口中に広がる。初代総理大臣の伊藤博文が命名したと伝わる。お土産だけでなく、婚礼の引き出物にも使われる。引き出物の場合は紅羊羹で「寿」の文字を入れられる。
- **亀の甲せんべい** 小麦粉、卵、砂糖、ゴマ、ケシの実を混ぜた生地を、亀の甲羅の模様が付いた型に流し込み焼いた煎餅で、亀の甲羅のように少し反りがついている。1862（文久2）年の創業以来焼かれている。下関の氏神の亀山八幡宮と、亀は万年の縁起にちなみ名付けられた。奈良時代から平安にかけて、中国への遣唐使は下関から派遣された。遣唐使の行き来により大陸の文化が入ってきた。亀の甲せんべいとよばれる菓子が平安時代の初めにはあったといわれている。
- **鶏卵せんべい** 長門市の深川養鶏農業協同組合が作る煎餅。有精卵と蜂蜜を使った飽きのこない素朴な美味しさのカステラ風味のせんべい。
- **月で拾った卵** ふんわりした蒸しカステラの生地の中に、きざんだ栗を混ぜたカスタードクリームが入っている。

地鶏

- **長州黒かしわ**　山口県初の地鶏。体重：平均3,300g。古くから山口や島根で飼育され、緑黒色に光る羽、気品と風格を備える天然記念物の「黒柏」と、軍鶏、ロードアイランドレッド、白色ロックの交配で県農林総合技術センターが作出した。徹底した飼育管理によって、ハーブを入れた無薬の専用飼料で飼育。のびのびと育てられ、よく運動しているため脂肪が少なく、地鶏ならではの適度な歯ごたえを残しながらやわらかさを両立。旨味成分のイノシン酸が多く、鶏肉特有の臭みのない上質な肉が特長。また、脳や筋肉の疲労回復を助ける健康成分のイミダペプチドの含有量も多い。平飼いで飼育期間は平均100日間と長い。深川養鶏農業協同組合が生産する。

銘柄鶏

- **長州どり**　体重：平均2,800g。恵まれた自然環境、徹底した飼育管理によって、ハーブを入れた無薬の専用飼料で飼育。平飼いで飼育期間は平均48〜53日。鶏種はチャンキー、コブ。深川養鶏農業協同組合が生産する。
- **長州赤どり**　体重：平均3,150g。恵まれた自然環境、徹底した飼育管理によって、ハーブを入れた無薬の専用飼料で飼育。十分な運動ができる平飼いでのびのびと育てている。飼育期間は普通のブロイラーの1.3倍。肉質はほどよくしまり野性味あふれた、まさに高品質の鶏。普通の鶏肉と比べて赤みが濃く適度な脂肪としっかりとした歯ごたえがある。特に、鍋物や焼き鳥がおすすめ。ハーバードレッドブロの交配。深川養鶏農業協同組合が生産する。

たまご

- **米たまご**　純国産の鶏の飼料に山口産のお米を加えて産まれた卵。鶏糞は有機醗酵させて水田に施肥し、飼料用のお米を育てる。このお米を鶏に給与して卵を生産する。循環型養鶏に取り組む出雲ファームが生産する。

県鳥

ナベヅル、鍋鶴（ツル科） 灰色の羽色が"お鍋"の灰黒色なので鍋鶴とついた。冬鳥。英名は"Hooded Crane"。首から頭が白いので、修道士のようにフードを被った鶴という意味。"ツル"の名前の由来は諸説あるが、"つるむ"すなわち、ツルの雄が大きな翼を広げて、首を上下に動かして舞う求愛ダンス、その後、ツルはつがいとして結ばれて"つるむ"ことになる。このつるむが"つる"となったとする説が有力だし、情景が目に浮かぶ。工事などで、資材を吊り下げる重機のクレーン（crane）は、首の長いところが似ていることろからついた。毎年10月中旬に、シベリア方面から周南市八代に飛来する。絶滅危惧Ⅱ類（VU）。

汁　物

汁物と地域の食文化

　山口県は、瀬戸内海を経済圏とする山陽山口と、日本海・響灘を経済圏とする山陰山口に分けられると、考えている研究者もいる。歴史的には幕藩体制時代の山口県は、長門と周防の2か国に分かれていた。周防と長門の一部（下関・小野田・宇部・厚狭(あさ)・豊浦など）が山陽山口で毛利藩の治下にあった周防・長門が山陰山口であった。両者は気候風土が異なるだけでなく、食生活にも違いがあった。山陽地域と山陰地域では郷土料理の食材も違うし、味付けも違う。山口県では冠婚葬祭に欠かせない小豆、蒲鉾、白玉団子の入った「いとこ煮」は、山陰地域の萩地方では薄味であっさりしているが、山陽地域は甘味が濃いという違いがある。山口の食文化は京都の食文化の影響を受けていて、淡白な味付けの料理が多い。生活が貧しかったので手近に漁獲した魚は、食塩を使って保存したり、調味料で味を付けたりというもったいない操作はしないで、すぐに食べるという食生活であったために、淡白な味付けで食べる習慣を身に付けたと伝えられている。

　山陽地区は瀬戸内海の魚、山陰地区は日本海の荒波で育った魚の水揚げが多い。沿岸部の人々は海の幸に恵まれていたが、山間部の人々は動物性たんぱく質源としてカワニナ・タニシなどを汁物や煮物などの加熱料理にして食べていた。

　山口県の名物料理といえばフグ料理。トラフグの鍋料理は最後に雑炊にして食べるので「汁物」のカテゴリーにも入る。トラフグの上品なうま味は、マグロやタイとは違った格別なうま味がある。郷土料理の「おおひら（大平）」は、直径50cmほどの鍋に野菜や鶏肉、山菜などを入れた汁の多い煮物である。岩国ずし、レンコンの酢の物と並んで欠かすことのできない郷土料理である。

凡例　1世帯当たりの食塩・醤油・味噌購入量の出所は、総理府発行の2012年度「家計調査」とその20年前の1992年度の「家計調査」による

汁物の種類と特色

　日本海と瀬戸内海の漁場に恵まれているので、水産加工も盛んである。山口県の蒲鉾は、関東の蒲鉾のように甘くないのが特徴である。海水の温度の上昇により、山口県内の漁港に水揚げされる魚種にやや変化がみられるが、トラフグは下関の漁港に集中して水揚げされている。「フグ汁」は昔からあった。芭蕉はフグが大好きで、フグの毒で死ぬのを恐れ、恐る恐る食べたらしく、「フグ汁や鯛もあるのに無分別」と詠んでいる。汁物に関連した現在のフグ料理は「フグのちり鍋」とその鍋の汁で作る「フグ雑炊」である。

　汁物の郷土料理には、白身の魚のすり身に少しの味噌汁を入れて擦り、これを味噌汁に戻した「すり流し汁」、野菜と鯨肉を煮込み、これに大豆を擦り潰して味噌と混ぜた「そばたま汁」、野菜をたくさん入れて塩と醤油で味を調えた「大平」がある。「タマネギ汁」「ダイコン汁」などもある。

食塩・醤油・味噌の特徴

❶食塩の特徴

　山口県の食塩は古墳時代から奈良時代にかけてつくられていたと推測されている。近代になって、長門、周防で、入浜式製塩が行われていたとも推測されている。

❷醤油の特徴

　山口県は、瀬戸内海や日本海の海の幸に恵まれているので、それらを美味しく食べるために、醤油や味噌の醸造会社も多い。山口県の醤油は、製造過程で、アミノ酸液を加え独特のうま味を構築した「混合醸造法」という製法である。再仕込み醤油や刺身醤油もつくっている。

❸味噌の特徴

　なめ味噌の「ふき味噌」がある。

1992年度・2012年度の食塩・醤油・味噌の購入量

▼山口市の1世帯当たり食塩・醤油・味噌購入量（1992年度・2012年度）

年度	食塩（g）	醤油（mℓ）	味噌（g）
1992	3,710	12,848	9,490
2012	2,266	6,828	6,227

▼上記の1992年度購入量に対する2012年度購入量の割合（％）

食塩	醤油	味噌
61.1	53.1	65.6

　山口市の1世帯当たりの食塩・醤油・味噌の購入量は、1992年度も2012年度も中国地方の他の県庁所在地の購入量に比べて多い。この理由は、新鮮な水産物が沢山水揚げされたときには各家庭でも一塩干しや魚介類の塩蔵品に加工するからと思われる。

　1992年度の食塩・醤油・味噌の購入量に対し、2012年度の購入量の割合は食塩が約61％、醤油が約53％、味噌が約66％であった。このことは、塩分を含む調味料の利用量が減少したのではなく、外食、持ち帰り惣菜や弁当、加工食品の利用が増加したことに一因があると考えられる。また、家族構成人数が少なくなり、それぞれの家庭での食材の購入量が少なくなっていることも一因と考えられる。

地域の主な食材と汁物

　瀬戸内海にも日本海にも面しているので海の幸に恵まれている。フグの集積地の下関は、周防灘・伊予灘・豊後水道・玄海灘の他に東シナ海で漁獲された天然産のトラフグが集められ、全国へ流通している。山口県の代表的郷土料理の「茶粥」は、米の節約が発想の原点であった。魚介類には恵まれていたが、瀬戸内海側と日本海側の間には、中国山脈の高地が続いているので、農作物の栽培に適した田畑がなかなか作れなかったからと思われる。

主な食材

❶伝統野菜・地野菜

　とっくりだいこん、岩国赤だいこん、つねいも（山芋）、白おくら、徳

佐ウリ、彦島春菜、田屋ナス、彦島夏播甘藍（かんらん）、あざみな（からし菜）、武久カブ、萩ゴボウ、その他（山口県JAグループ推奨の農作物）

❷主な水揚げ魚介類

トラフグ、アンコウ、瀬つきアジ、アマダイ、タチウオ、タコ、ハモ、クルマエビ、イワシ、サバ、イカのような回遊魚介類、カレイ、アナゴ、貝類のサザエ、アワビ、養殖物（ブリ、マダイ、ヒラメ、ワカメ）

❸食肉類

無角和牛、見島牛

主な汁物と材料（具材）

汁　物	野菜類	粉物、豆類	魚介類、その他
タマネギ汁	タマネギ		味噌汁
山口ワカメ汁			山口産ワカメの味噌汁
大根汁			山口産ダイコンの味噌汁
大平	レンコン、サトイモ、ニンジン、ゴボウ、シイタケ	油揚げ	魚、鶏肉、コンニャク、調味（砂糖／醤油／塩）
ふくちり	ハクサイ、春菊、ネギ、キノコ	豆腐	フグ切り身、昆布ダシ（ポン酢で食べる）
すりながし汁	薬味		白身の魚のすり身（すり身に熱い味噌汁をかける）
そばたま汁	ニンジン、サトイモ、カブ		鯨肉（全部の材料を混ぜて擦って、味噌と混ぜる

郷土料理としての主な汁物

- **大平**　野菜をたくさん入れた汁物で、行事のときには必ず作る岩国市の郷土料理である。慶事の時の材料は魚や鶏肉を使い、不幸の時は精進料理に仕立てるため、たんぱく質供給源は大豆加工品（油揚げ、厚揚げなど）となる。大きな黒塗りの木製平椀に盛るので「大平」という。木製の杓子で銘々に注ぎ分ける。

- **ふくちり** 「ふく」は「フグ」の下関の呼び名。「ふく＝福」で、福の来る魚として期待されている。下関には、周防灘、伊予灘、豊後水道、玄海灘で漁獲されたトラフグの集散地となっているので、下関のトラフグ料理は有名なのである。「ふくちり」（ふぐちり）は、関西では、「てっちり」というふぐ鍋である。だし汁は、フグの粗や昆布を使う。フグの身と野菜を煮込んだ鍋で、最後に残る汁で、雑炊やうどんを食べるのが定番コースである。フグのうま味は、魚類に多いイノシン酸ではなく、グリシンやベタインのアミノ酸類による。

【コラム】蒲鉾の評価はテクスチャー

山口県の仙崎地方の「焼き抜き蒲鉾」は、エソ・トラギスを原料とし、でん粉を入れないで作る。きれいな白色で、食感はプリンプリンした独特のテクスチャーをもつ。焼き抜き蒲鉾には、仙台の笹蒲鉾、紀州の南蛮焼き、宇和島の焼き蒲鉾などがあり、小田原の蒸し蒲鉾の食感とはやや違う。蒲鉾は正月に欠かせない食品で地方による特色がある。室町時代にナマズのすり身を竹の串に塗り付けて焼いたのが、蒲の穂に似ているので、蒲鉾と呼ぶようになったという説が主力となっている。プリンプリンしたテクスチャーが蒲鉾の品質評価の一つとなっているので、テクスチャーの評価の高い蒲鉾をつくるために苦労している。なぜなら、蒲鉾の原料となるスケトウダラのすり身の生産が世界的に減少しているからである。そのために、すり身を確保するために業界関係者は、いろいろな国へ飛び回っているのである。

II　食の文化編

伝統調味料

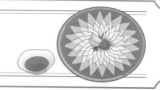

地域の特性

▼山口市の1世帯当たりの調味料の購入量の変化

年　度	食塩 (g)	醤油 (ml)	味噌 (g)	酢 (ml)
1988	4,322	17,512	8,552	2,940
2000	2,435	9,858	6,971	2,448
2010	2,536	6,754	6,494	2,771

　山口県は日本海・響灘・瀬戸内海に面する地域と、中国山脈を背にした山間部があり、それぞれ食文化に特徴がある。山口県の県庁所在地の山口市の1世帯当たりの調味料の購入量は、他県の県庁所在地の人々に比べると多い。フグの取引市場として知られている下関の魚市場から仕入れた新鮮な魚介類の料理を美味しく食べるために、各種調味料を購入していると推測している。

　下関の魚市場には、周防灘・伊予灘・豊後水道・玄界灘で漁獲されたフグが集まる。下関地方での呼び方は「フグ」と濁らないで「フク」とよぶ。福の神の到来を意味するかららしい。フグの肝臓や卵巣にはテトロドトキシンという猛毒成分が含まれ、間違って摂取すると死に至ることが多いことから、九州の島原方面では死人を安置する棺箱の意味のある「ガンバ」ということもある。伊藤博文は、フグが大好物であったと伝えられている。刺身・湯引き・煮こごり・ちり鍋・ふぐ雑炊・ひれ酒・白子（塩焼き・鍋の具・白子酒）・干物などの食べ方がある。フグの身肉は弾力性が強いので、皿の模様が見えるほど薄く切るという「薄造り」がフグ特有の刺身がある。これを食べる調味料はポン酢である。市販のポン酢もあるし、フグ料理の専門店独特のポン酢がある。

　山口県には甘露醤油というのがある。これは、再仕込み醤油・刺身醤油の別名がある。柳井地方に発祥した醤油で、江戸時代の天明年間（1781

〜88）から作られている。食塩の濃度は15％ほどで、濃口醤油に比べて塩分濃度は小さい。刺身・照り焼き・甘露煮に使われる。

　かつては、捕鯨基地として栄えた下関には、いまでもいろいろなクジラ料理が伝えられている。霜降りの尾の身は、刺身によいが、最近はしゃぶしゃぶなど食べ方も多くなっている。赤肉のから揚げは「吉野揚げ」といわれていた。表皮を酒粕で煮込む「クジラの粕煮」、胸肉の畝肉を酢に漬ける「クジラの畝酢」などがある。クジラ料理の伝えられている下関には「そば玉汁」がある。これはニンジン・サトイモ・カブと鯨肉を煮込み、大豆を磨り潰して味噌と混ぜ合わせたもので調味したものである。この中にはソバ団子を入れて、熱いうちに椀に盛って食べる。

　山口県の山間部のそば料理のつゆのだしは、いりこや魚の焼き干しを利用している。錦町の家庭で作る手打ちそばは、いりこ（煮干し）でとっただしの中に入れて煮込む。だしの味は醤油味か味噌味のいずれも利用されている。具にはつり菜といわれる大根の葉の干したものや、ねぶか（ねぎ）、油揚などを入れるのを特徴としたものである。一方、萩市の「そば雑煮」は、そば粉と小麦粉を練って、薄く伸ばし短い太い麺のように切って、茹でたものをつゆに入れる。つゆは炙り魚でだしをとり、三東菜・ねぎ・水菜・いちょう切りした大根を入れ、味噌仕立てか醤油仕立てのつゆをつくり、ここにそば切りを入れる。

　練り製品やフグなど魚介類や加工品の豊富な地域であるが、山間部でのだしは小魚の煮干しや焼き干しをだしの材料としていたのである。

知っておきたい郷土の調味料

　山口県は日本海に面している地域、響灘に面している地域、瀬戸内海に面している地域があり、それぞれ気候が異なる。海岸線は複雑で、周辺には約240の島々がある。山口県産業技術センターが醸造食品の酵母に関する研究に熱心なためか、醤油・味噌の醸造場は比較的多い。

醤油・味噌

- **山口県の醸造会社の特徴**　山口県は瀬戸内海や日本海の海産物やその加工品に恵まれているので、それらを美味しく食べる醤油や味噌を作る会社が多い。醤油も味噌も製造している会社、醤油だけしか製造していな

い会社、味噌だけしか製造していない会社はほとんど同じ数の会社がある。さらには、だし醤油や食酢関係の調味料も製造・販売している。

- **山口県の醤油は甘みが特徴**　醤油にアミノ酸液を加えて独特のうま味を生かした醤油がある。これは「混合醸造法」あるいは「混合方式」といわれている。アミノ酸液を使用する醤油は、九州、中国（山口から山陰地方まで）、四国、北陸、東北の一部に分布している。西のほうへ行くほど甘みの強い醤油が好まれている。西日本の、しかも日本海側の人々の魚の刺身醤油の好みは、甘みのある醤油である。鹿児島の刺身用の付け醤油は甘い。この傾向は、山口県あたりからみられる傾向である。丸大豆を原料とした醤油でも甘みはないが、コクのある醤油もある。

　甘みがあり、濃厚さを感じる甘辛い刺身醤油として、「かけしょうゆ」（岡田味噌醤油㈲）がある。

- **九州人好みの醤油づくり**　萩市の安森醤油は木の樽の中で3年間も熟成させたこだわりの醤油をつくり、これをベースに煮物用ポン酢醤油も製造している。九州に近いので「九州玄米黒酢」など九州の人の好みそうな黒酢も作っている。岡田味噌醤油㈲は、かけ醤油、米味噌のほかに、九州の人々が好む「麦味噌」も作っている。

- **製品の多様化がみられる会社**　ほとんどの醤油・味噌醸造会社が、だし醤油、たれ（餃子のたれ）、甘露醤油などを製造・販売している。ヤマカ醤油㈱は、柿酢も製造している。さらに「手延べ素麺　菊川の糸」には、この麺に合う「麺つゆ」も用意されている。

- **ふき味噌**　家庭で作る誉め味噌や付け味噌である。田舎味噌に本みりん、砂糖、ごま油を混ぜて調味する。フライパンにごま油を入れて、みじん切りしたショウガを炒め、そこへ千切りしたフキノトウを加えて炒める。全体に油が馴染んだところで、みりんと味噌の合わせ調味料を加えて手早く炒める。家庭では、できたてをご飯にのせて食べるなり、酒の肴として利用する。

- **甘露醤油**　再仕込み醤油・刺身醤油ともいわれている。柳井地方に発祥したもので、江戸中期の天明年間（1781～88）から行われていた技法である。塩水の代わりに一度絞った生揚げ醤油で、麹を加えて再び仕込む。原料はダイズ・コムギで、約15％の食塩濃度の醤油に仕上げる。刺身・照り焼き・甘露煮などに使われる。

食塩

- **山口の塩の起源** 古墳時代から奈良時代にかけて作られたと推測される製塩遺跡があり、そこから美濃ヶ浜式土器とよばれる製塩土器が出土している。近代にかけて長門、周防において入浜式製塩が発達したと推測されている。防府市には「塩田祭り」が昔の入浜式塩田記念産業公園で、年に一度行われる。
- **最進の塩** 下関市吉母の浜の沖合の海藻がよく生育しているところの海底からパイプで海水を汲み取り、工場へ運ぶ。海水は段階的に平釜で煮詰めていく多段式平釜で食塩の結晶を調製する。

ソース

- **ジンジャーソース** 野菜や果物をふんだんに使用し「さらりとした辛口とマイルドな味と香りがある」ソースベースに、ショウガ、ニンニク、リンゴピューレ、蜂蜜を加えたウスターソース系のソース。清涼感のある香りと味わいが食欲をそそり、後味のよさも感じさせる。

酸味料

- **長門ゆずきち** 柚子の酸味と香りは、柑橘系の酸味と香りであり、この酸味と香りは生の魚介類に合う。「長門ゆずきち」は、萩市田万川町原産のユズやカボスの仲間である。この果汁は上品な香りとまろやかな酸味をもち、種も少ないので使いやすい。8月上旬から中旬に収穫される。加工品として「しぼり酢」も完成している。平成19（2007）年11月に、地域団体商標に登録された。長門市、下関市、萩市が主な生産地である。

食用油

- **えごま油** シソ科のエゴマの種子を搾ったエゴマ油は、生で飲んでも軽くさらっとした口当たりで、美味しさがある。エゴマ油の主な脂肪酸はα-リノレン酸である。α-リノレン酸は体内でDHAやEPA（IPA）に変わり、コレステロールの血管への蓄積を抑制する働きや脳の働きを活性化させる働きがある。オリーブ油と同じように使うとよい。

郷土料理と調味料

- **寒漬け（がんづけ）** 冬に収穫した大根を塩漬けして、2週間から1カ月の間寒風に晒して、叩いて伸ばし、醤油ベースの漬け汁に漬け込んで発酵させた漬物。
- **ちしゃの酢味噌和え** チシャはレタスのこと。山口市地方に伝えられる郷土料理で、しばしばつくられる。チシャを千切って、水の中で揉みながらアクを抜く。味噌・砂糖・みりん・酢・塩・サンショウを合わせて調味した酢味噌とともに和える。チシャは必ず手で千切る。タイ・アゴ（トビウオ）・チリメンジャコ・イカ・油揚げも一緒に和えてもよい。

発　酵

再仕込み醤油

◆**地域の特色**

　本州最西端に位置しており、南側を瀬戸内海（広島湾、伊予灘、周防灘）、西側と北側を日本海（響灘）と、三方を海に囲まれ、その中央部を中国山地が横断している。平野部が少なく、瀬戸内側の一部を除けば山に囲まれた谷底平野が多く存在する。外海と内海の両方に面し、中央部に山地が横たわるという地理的条件上、同じ県内でも気候には大きな違いがみられる。県内の気候は、「瀬戸内海沿岸気候」「内陸山間気候」「日本海側気候」に大きく分けられるが、年平均気温が12～16℃、年平均降水量が1600～2300mmと比較的温暖であり、風水害や地震も比較的少ない。

　農業生産額の割合では、米が全生産額の34.9％で最も多く、野菜が24.2％、鶏（鶏卵、ブロイラー）が14.7％、果実が6.6％となっている。

　県魚に指定されているフグは南風泊市場が日本一の市場取扱量である。フグのほかにも海産物の資源が豊富であり、近海物の水揚げが多い。下関市はアンコウの水揚げが日本一で、長門市ではイカの水揚げが多い。秋穂町はクルマエビの養殖発祥の地である。

◆**発酵の歴史と文化**

　日本農林規格（JAS）により醤油は5種類に分類されている。そのうちの一つである再仕込み醤油は、天明年間（1781～89年）に防州柳井で造られ始めたのが起源とされる。その後北部九州に広まり、今では、全国各地で造られるようになっている。

　すでにでき上がった濃口醤油を使って仕込みを行うことで味が濃く、甘みを帯びている点に特徴がある。また仕込み期間も長く、製造工程の手間から価格は高めとなる。原料をタンクに仕込むとき、食塩水の代わりに生揚げ醤油で仕込むため、二度仕込みをするような製法をとることから「再仕込み」醤油と呼ばれる。主に刺身やすしに用いられ、その味わいから「甘

露醬油」とも呼ばれる。

　一方、もともと酒処ではなかった山口県内の小規模な酒蔵から、東京のみならずニューヨークやパリでも人気の日本酒となった「獺祭」を造る旭酒造が岩国市にある。旭酒造の最大の特徴は、全量、酒造好適米の山田錦を使って純米大吟醸酒のみを造るということにある。1990（平成2）年に「獺祭」の販売を初めてから30年ほどで、灘伏見の大手メーカーと並ぶ全国8位の日本酒メーカーに成長した。現在、ニューヨークに醸造所を建設中で、2021（令和3）年には、全米各地へMade in USAの純米大吟醸酒が出荷される予定となっている。

　「甘露醬油」も「獺祭」も本州の西端に位置する山口県だからこそ、画期的な発想のもとで新たな発酵製品が完成したのかもしれない。

◆主な発酵食品

醬油　甘口の醬油が一般的であるが、どろりとして濃厚な味わいの再仕込み醬油は、柳井地方が発祥といわれる。主に刺身やすしに用いられ、その味わいから甘露醬油とも呼ばれる。佐川醬油店（柳井市）、桑田醬油（防府市）、ミヨシノ醬油（萩市）、松美屋醬油（萩市）、礒金醸造（山口市）、大津屋（下関市）、赤間醸造（下関市）などで造られている。

味噌　歴史的に麦味噌が好まれる地域であり、オオムギとハダカムギという2種類の麦を使って、素朴な麦の風味が広がる味噌が好まれる。とくぢ味噌（山口市）、一馬本店（防府市）、シマヤ（周南市）などで造られている。

日本酒　近年、全国的に日本酒の出荷量が減少している中で、山口県は国内向け、海外輸出ともに出荷量が増加している珍しい県である。その原動力となっているのが、「獺祭」を造る旭酒造（岩国市）である。使用する米は酒米の王者ともいわれる山田錦のみ、造る酒は純米大吟醸のみと徹底された酒造りが行われている。機械化できるところは機械化し、人の手でなければできないところは徹底的に人手をかけるという合理的な発想と先鋭的な醸造技術で、高い品質と驚異的なコストパフォーマンスを両立させ注目されている。その他、1819（文政2）年創業のはつもみぢ（周南市）をはじめ、堀江酒場（岩国市）、酒井酒造（岩国市）、村重酒造（岩国市）、澄川酒造場（萩市）、岩崎酒造（萩市）など約20の蔵がある。

焼酎　　地元で育てたサツマイモ（黄金千貫）の芋焼酎を造る企業組合長州侍（宇部市）や、県産の紅イモの芋焼酎を造る山縣本店（周南市）などがある。

ワイン　　山口県を世界に通用するワイン産地とすることを目指して、ワイン専用品種を栽培して製造する山口ワイナリー（山陽小野田市）のほか、周防大島ワイナリーなどがある。

ビール　　城下町萩に、ドイツのビール純粋令に従い水、ホップ、麦芽、酵母だけを原料として製造している山口萩ビール（萩市）のほか、山口地ビール（山口市）などがある。

糂粏味噌（じんだみそ）　　メバルのほぐし身と麦味噌を合わせた周防大島に伝わる発酵食品である。糂粏味噌とネギをご飯に添え、熱いお茶を注いで食べる料理は、糂粏汁と呼ばれる。

ふく魚醤　　下関市にある水産大学校とヤマカ醤油（下関市）が共同で開発した、名産品のフグを使用して醸造した魚醤である。

寒漬け（かんづけ）　　宇部市や山口市で古くから作られてきた漬物であり、冬季に収穫したダイコンを塩漬けにして寒風に晒し、約3カ月かけて干し上げたものを壺や甕に入れて密封し、発酵させたものである。パリパリとした歯触りが特徴である。

◆発酵食品を使った郷土料理など

岩国ずし　　1640（寛永17）年頃、岩国藩で保存食として作られ始めた押しずしの一種である。大きな木枠の中に、酢飯の上にシュンギクなどの青菜、レンコン、シイタケ、錦糸卵などをのせ、これを何層にも重ね、重石で押し固めて作る。

シロウオ料理　　早春、産卵のために川をさかのぼるシロウオを、生のまま酢醤油などで食べる「おどり食い」が有名である。

ちしゃなます　　チシャは、サニーレタスに似た下関を中心とする伝統野菜で、ちぎったチシャを酢味噌で和えた萩の郷土料理である。

おばいけ　　クジラの肉の中で最もおいしいとされる、身と尾の間の部分の肉を指す「尾羽毛（おばいけ）」という部分をお湯で晒して酢味噌で和えた郷土料理である。

◆発酵にかかわる神社仏閣・祭り

亀山八幡宮（下関市）　甘酒祭　　毎年、10月14、15、16の3日間行われる秋の大祭で、近隣の人たちが甘酒を造り、参加者に甘酒が振る舞われる。

古熊神社（山口市）　山口天神祭　　1373（応安6）年以来続けられている伝統ある祭りであり、毎年、11月に行われる。御神幸祭の前夜祭として、神役の花神子が一夜酒と黄白のキクの花を供える。

◆発酵関連の博物館・美術館

甘露醤油資料館（柳井市）　　独特の製法による柳井の特産品、再仕込み醤油について、佐川醤油店の醸造蔵の一部を使用し、製造に使用された道具などが展示されている。

◆発酵関連の研究をしている大学・研究所

山口大学農学部生物機能科学科、工学部応用化学科、大学院創成科学研究科農学系専攻／化学系専攻

　酢酸菌の研究に伝統があり、世界的に評価が高い。酵母や酢酸菌などの耐熱性発酵微生物の利用に関する研究も盛んである。

和菓子／郷土菓子

夏みかん菓子

地域の特性

本州の西端にあって、瀬戸内海、響灘、日本海と3つの異なる海に面している。かつての周防国と長門国からなり、中央部には東西に中国山地があり、県域を分けると、瀬戸内海沿岸地域、内陸山間地域、日本海沿岸地域の3つに分けられ、歴史文化は違っているが気候は温暖で、風水害も比較的少なく住みよい県とされている。

歴史をみると室町時代には、海外貿易で大内氏が栄え、山口は「西の京」とよばれてきた。戦国時代には毛利氏が台頭したが、関ヶ原の戦い（1600〈慶長5〉年）以後、周防、長門2国に減封された。しかし、毛利氏は「防長3白（米・塩・紙）」といわれる殖産政策を進め、さらに子弟の教育にも力を入れ、幕末には多くの人材が輩出し日本の近代国家化成立に貢献した。

維新以降、困窮する萩の士族救済に夏みかんの栽培を以て名産品作りをしたのも、「豊かな先見性」を身につけた長州の人たちであった。

地域の歴史・文化とお菓子

長州路菓子紀行

①萩・維新の里の夏みかん菓子

「松陰先生」と、萩の人たちに敬われかつ親しまれている吉田松陰（1830〜59）。彼が主宰した「松下村塾」は、日本の近代化、産業化を成し遂げた人材を育てたということで、2015（平成27）年7月「明治日本の産業革命遺産」として、ユネスコの「世界遺産」に登録された。

幕末維新の志士を育んだ吉田松陰のふる里・萩。まさに激動と静寂の共存する所で、城下町のそちらこちらに明治維新の足跡が残されている。

萩といえば、武家屋敷の土塀の上にたわわに実る夏みかん。萩の歴史の変遷を見守っているかのようである。その萩の夏みかんは、進物用の格式

Ⅱ 食の文化編　95

高い菓子からおやつ菓子まで幅広く利用されている。
②萩の夏みかんの歴史

　萩では夏みかんを"夏だいだい""九年母（くねぶ）"と称していた。松陰先生も植樹したり「九ねぶ」とよんで食したとされている。我が国で夏みかんを経済的に栽培したのは萩が最初で1876（明治9）年、商品名もその頃「夏みかん」と命名された。

　この夏みかんは、青海島の大日比（おおひび）（長門市仙崎）の海岸に南方産の柑橘果実（文旦系）が漂着し、それを拾い種子を蒔いて生えたものとされ、青海島には原樹があり、1927（昭和2）年に国の天然記念物に指定されている。この地には浄土宗の名刹西円寺があり、萩からは多くの人たちが参拝に行き、彼らによって実生の苗が萩に運ばれ、庭に柿や栗と同様に育てられていた。

③困窮士族を救った萩の夏みかん

　その後1863（文久3）年萩藩主が山口に移り、さらに明治維新後の情勢により、萩に残された武士たちは苦境に追い詰められた。そうした時、小幡高政なる人物により、困窮士族救済のため夏みかん栽培が奨励され、1878（明治11）年に苗木が士族たちに配布された。10年後の1889（明治22）年には、夏みかんの果実と苗木が萩町の財政を潤すまでになっていた。

④夏みかん菓子のいろいろ

　萩で夏みかんの皮を菓子にしたのは森重正喜で、釣り道具および砂糖商を営む人だった。菓子の味は苦くいまいちで、そこで立ち上がったのが現在の「元祖夏みかん菓子光国本店」の初代作エ門であった。夏みかんの甘さとほろ苦さを上手に生かし、1880（明治13）年「夏○薫」と名付けて売り出した。2代目貞太郎は実弟と共同してさらに美味しくし「萩乃薫」と改名した。以後、一子相伝で技術を守り続け3代目義太郎は、1916（大正5）年に看板商品となる「夏蜜柑丸漬」を完成させる。

- **萩乃薫（はぎのかおり）**　夏みかんの皮を剥ぎ、丁寧にアク抜きをし、糖蜜で煮込み、仕上げにグラニュー糖を全体にまぶし軽く乾燥させる。夏みかん本来の酸味を生かし爽やかな風味とさっぱりした甘さがある。手作業なので仕上がるまで3日間ほどかかる。毎年秋に"青切り"といって青く若い夏みかんをスライスし、砂糖漬けにしたものが季節限定で作られる。
- **夏蜜柑丸漬**　作るのに5日もかかり、1日約80個しかできないという

貴重な菓子。その製造工程は①夏みかんの形を整えるためカンナで表面を削る、②夏みかんのヘタではないほうを切って果肉をくり抜く、③くり抜いた丸ごとの皮の部分を1日水につけてアクを抜く、④水気を取って糖蜜の中に漬けこむ、⑤白小豆の羊羹を注入して1日置く、⑥表面の白羊羹をそぎ落として完成。「夏蜜柑丸漬」の中身は白羊羹だったのである。

夏みかんの皮のほろ苦さと、マッチした白羊羹の甘さ。「夏蜜柑丸漬」には、凛とした萩の気品が漂っている。

- **毛利の殿様**　萩の夏みかんは最中の餡に、キャラメルやクッキーといろいろに使われているが、「毛利の殿様」は「松栄堂」の名物菓子で、夏みかんを練り込んだ漉し餡を棒状にした求肥と一緒に薄いカステラ生地の皮で一文字に包みこんでいる。他に夏みかん入り粒餡や抹茶漉し餡がありボリューム満点。明治維新の原動力をつくった毛利家代々の藩主を偲び作られた菓子。

なお、「松栄堂」のある椿東には松陰神社がある。境内の「松陰食堂」には"夏みかん入りの松陰うどん"があり、"松陰だんご"は炭火で焼いた味噌タレの香ばしい団子である。

⑤下関・維新の志士と菓子

周防・長門を領有した毛利家は毛利輝元から14代、270年続いた。関ヶ原の戦いの後、石高を36万石に削られ、萩に封じ込められたがよく国を治め幕末、維新期には尊王攘夷、倒幕運動の先端を行く志士を輩出した。その維新の若者たちが募った下関・長府・防府。騎兵隊を指揮した高杉晋作（1839～67）や伊藤博文（1841～1909）など、今にも若き志士たちの喊声が聞こえてくるようである。

- **晋作もち（風流亭）**　大政奉還を目前に病で没した若き志士・高杉晋作は、彼の遺言どおり、下関市吉田の清水山（しみずやま）に葬られた。吉田は騎兵隊の本陣が置かれたところであった。現在ここに「東行庵（とうぎょう）」がある。「東行」は彼の号で「西へ行く人を慕ひて東行く　わが心をば神や知るらむ」と倒幕を秘めた歌を残し、「東行」と号した。もちろん鎌倉初期の歌僧・西行を慕っての名であった。「東行庵」の名物が晋作もち。この餅は餡入りの焼いた草餅で、梅漬けの赤紫蘇が巻いてある。晋作の愛人おうの（剃髪して「梅処尼（ばいしょに）」となった）に因んでいた。「梅処尼（ばいしょ に）」は生涯ここで晋

Ⅱ　食の文化編　　97

作を供養し、「東行庵」は晋作が挙兵した功山寺の末寺である。
- **阿わ雪（松琴堂）** 下関（赤間ガ関）に慶応年間（1865〜68）に創業。松琴堂の近くに居を構えていた伊藤博文（初代総理大臣）が、「口中で消え行く感じが春の淡雪を思わせ、菓子の中でも冠たるもの」と、絶賛し自筆の文字で「阿わ雪」と命名したという。残念ながらその書は戦火で焼失してしまった。「阿わ雪」は、泡立てた卵白と砂糖、寒天を加えた純白な淡雪羹で、はかなく消える食感が、なぜか幕末の志士たちを魅了していた。一子相伝の技を守り続けている。

行事とお菓子

①長門山間部・雛節供の「生まんじゅう」

旧むつみ村（現萩市）ではひと月遅れの4月3日に行い、初節供には3色（白・紅・蓬）の菱餅の他に「生まんじゅう」を作る。米粉を捏ねて蒸し、餅の要領で搗く。生地を彩色用に少し取っておき、色粉を加えて赤、黄、緑と染める。白い餅は卵ぐらいの大きさにして中に甘い小豆餡を包む。花を象った木型を用意し、花弁の部分に彩色した餅を敷き、次いで餡餅をのせて成形する。型から出すと花形のまんじゅうができる。松江地方ではこれを「花もち」「いがもち」とよんでいる。

②周防南部・端午の節供の「ほてんど餅」

旧秋穂町（現山口市）では月遅れの6月5日に祝い、長男が生まれた年には盛大にする。餅を搗き笹巻きや「ほてんど餅」を作る。ほてんど餅は「かしわ餅」ともいうが、"ほてんど"は「イギの葉」で、「サルトリイバラ」のことである。寒ざらし粉（白玉粉）を水で練り、中に小豆餡を入れて団子にし、イギの葉に包んで蒸す。周防大島ではイギの葉を「ぶとん葉」といい、この葉で包んだ餅を「ぶとん餅（かしわ餅）」ともいった。「サルトリイバラ」の葉は、県内各地でさまざまな呼び方をしていて興味深い。

③半夏生の泥落しの「あかつけ団子」

半夏生は夏至から11日目に当たる日で、7月2日頃。泥落としは「農休み」のことで、この頃には麦刈りも田植も済んでゆっくりできる。新麦の粉で作るのが「あかつけ団子」で、水で堅めの天ぷら衣ぐらいに溶き、熱湯に流し入れて浮き上がったら網杓子で掬い上げ、小豆餡をまぶす。形が牛の舌に似ているので「べろ団子」ともいった。

④お盆の「冷やし団子」

　旧秋穂町地方のお盆に欠かせないのが「冷やし団子」で、寒ざらし粉を水か湯で練り、丸めて茹でる。昔は井戸水にさらして冷やし、白砂糖をかけて食べる。仏様のお供えであり、家族も食べ来客のもてなしでもあった。

知っておきたい郷土のお菓子

- **外郎**(ういろう)（山口市）　御堀堂の銘菓。山口に外郎が伝わったのは室町時代とされる。「山口外郎」の特色は、ワラビの根から取った澱粉「せん（わらび粉）」と小豆餡を練り合わせて蒸す「白外郎」。食感は他の外郎と違いさらりとしている。山口外郎の創始は福田屋（廃業）で、その伝統製法を今に伝えている。
- **豆子郎**(とうしろう)（山口市）　豆子郎の名物菓子。山口外郎は600年の歴史があるが、豆子郎は1948（昭和23）年の創業。菓子作りの素人だった初代が豆入りの外郎を作り「豆子郎」とした。小豆外郎には小豆、抹茶外郎には白小豆を入れ、わらび澱粉で固める。細長く食べやすくなっている。
- **舌鼓**（山口市）　山陰堂の銘菓。防長産のもち米で作った淡黄色のやわらかな求肥餅に、なめらかな白餡が包まれている。初代は津和野藩の藩士で、維新後の1883（明治16）年に創業した。
- **大徳寺松風**（萩市）　今田清進堂の銘菓。萩市松本に白根俊蔵なる人物が味噌松風を作り、明治の初年、ある萩藩士が京都・大徳寺の茶会に持参したところ賞賛された。菓名はそのときからで、味噌と山椒の風味が生きた和風カステラのような菓子。現在は週に１回ほど作る。
- **鶏卵せんべい**（長門市）　深川養鶏農業協同組合の製品。この地方は養鶏が盛んで、自営農場の自然いっぱいの所で育った有精卵と、ハチミツをたっぷり使った煎餅は、カステラ風味で口に入れるとさっと溶ける美味しさ。
- **志ほみ羹**（防府市）　萩・毛利家御用達の双月堂の銘菓。防府にはかつて大きな「三田尻塩田」があり、塩の産地であった。明治時代に特産の塩を使い創製したのが小豆の塩羊羹で、ほんのりとした塩味が趣深い。
- **いが餅**（岩国市）　三木屋の名物。作家・宇野千代が故郷のいが餅を懐かしんだことから復活させた。もち米粉とうるち粉を混ぜた餅に漉し餡を包み、上部に赤・青・黄に染めたもち米粒をのせて蒸したもの。

- **亀の甲せんべい**（下関市）　江戸末期からつづく「江戸金」の下関名物煎餅。1862（文久2）年、江戸っ子の増田多左衛門（通称金次郎）は、長崎で南蛮菓子の製法を学び、長州藩の兄の所に立ち寄ったのが縁で開業した。煎餅は精白糖、卵、小麦粉に白胡麻、ケシの実を加え生地を熟成させ、亀の甲型に入れて焼く。風味のよい煎餅で、店名は「江戸から来た金さん」から。〔注：2022年3月「江戸金」は廃業したが、別会社によって「令和復刻版　下関・馬関　亀の甲せんべい」として復活し、販売は継続されている〕

乾物 / 干物

河豚ヒレ

地域特性

　本州最西端に位置する山口県は、中国地方と九州地方の連接点にあり、北部は日本海に面し、南部は瀬戸内海に面し、海岸線は複雑で多くの島々が点在しており、漁場も多く、漁獲量も豊富である。とりわけ下関河豚は有名である。北部地区は萩市、長門市から宇部、岩国と中央部には中国山地が横断し、中国山地から水源を発する河川の多くが存在するが、平野部は少なく、内陸部の川沿に盆地が点在する。

　気候的にはおおむね温暖であるが、内陸部と沿岸部の気候の差が大きい。海岸線には臨海工業が立地し、重化学工業コンビナートを中心とした宇部興産をはじめとする鉱業、セメント工業などが盛んである。山陰地方に当たる日本海側は農業、漁業など一次産業があり、観光の中心地でもある。

知っておきたい乾物 / 干物とその加工品

蓮根パウダー　　山口県岩国市は全国有数の蓮根の産地である。この蓮根は、江戸時代中期の藩主吉川公の命令で岡山県から備中種蓮根を持ち帰って栽培したのが始まりといわれている。吉川公の家紋の形に似ているということから、さらに普及した。

　「岩国蓮根」はもっちりとしたねばりとシャキシャキとした食感があり、肥沃な土地と土壌、日照時間の長さなど蓮根の栽培に適した自然条件が重なり、産地として発展している。蓮根パウダーにはビタミンCが多く、花粉対策として脚光を浴びている。蓮根にはムチンという糖タンパク質の一種が含まれ、このムチンが体質改善によく、とくに花粉対策によいといわれている。また、不溶性食物繊維が豊富で、腸内環境をよくするという作用がある。

　また、花粉症やアレルギー症状の改善効果が実証されており、栄養成分が多く、マグネシウム、カリウム、葉酸など多くの薬用効果が期待され、

粉は加熱水蒸気で殺菌加工してあり、粉末になっても茹で生野菜と同等の栄養がある。

料理には、ハンバーグやパスタ、うどん、寒天吹き寄せ、レンコン餅、クリームスープなど多様に使うことができ、汎用性がある。

大島いりこ

山口県大島郡は瀬戸内海に浮かぶ島で、ここで獲れるカタクチイワシは雑味がなく、濃厚なダシが取れることで有名である。

北浦産天草

山口県北浦は、寒天の原料である品質のよい天草の原草が採れる。

角島産天然わかめ

山口県角島で採れる天然わかめは、色味、香り共に良好で、人気がある。

寒干し大根

山口県熊毛郡上関町祝島の産物で、地元では干瓢と呼ばれているようだ。瀬戸内海の島では土地の質がよく似ているといわれている。平郡島で生産されたものを使って、1～2月の冷たい西風が吹く時期に、海岸沿いや家の屋根などで4～5日間ほど天日干しすることにより、きれいな空気、海からの潮風を受け、ぐっと甘みが増す。

天日干しした祝い島の寒干し大根は、普通の大根と比べて甘みが強く、厚く切ってあるため、しっかりした歯ごたえがある。噛むほどに歯ごたえとぽりぽり感が口の中に広がる一方、煮物などでは柔らかい。ハリハリ漬けなどにも好まれている。

祝島ひじき

1月末～3月ごろまで祝島ヒジキは最盛期で、干潮時の午前3時ごろ採取を開始する。根元15～20cmほどのところに鎌を当て、そこから若芽の部分だけを刈り取る。

根元の部分は少々固いので採らない。採取したヒジキは、鉄の大釜に入れて、薪でじっくり6～8時間ほどかけて炊き上げる。炊き上がった後、さらに8時間ほどかけて自然にさまし、3～4日間ほど天日干ししてできあがる。家の屋上や海岸でひじきを干す風景は祝島の風物詩である。

びわ茶

農薬を使わないびわの木から、太陽の恵みをたっぷり浴びた青々した厚みのある葉を選び、葉を水で洗い、汚れや葉の裏側の細かい毛を落とし、葉を細かく刻む。硬い芯を取り除き、2～3日間発酵させる。この発酵により、祝島のびわ茶の独特の風味が出る。天気のよい日に浜辺で天日干しし、定温で保存。天日干ししている間、まんべんな

く天日に当てるために、ときどき手でかき混ぜる。袋詰めする直前に煎って香ばしさを出す。

瓦そば

西南戦争、1877（明治10）年の際に熊本城を囲む兵士たちが野戦の合間に瓦を使って野菜や肉などを焼いて食べたということをヒントに生まれたとされている。茶蕎麦を具材にして、文字通り熱した瓦の上に載せたもので、温かい麺つゆで食べる。

河豚(ふぐ)ひれ

山口県といえば河豚。河豚は鮮魚だが、河豚ひれは乾物である。トラ河豚からヒレを切り取り、水洗いし、ぬめりを取った後に、天日干しにて乾燥する。

おいしいひれ酒を作るには、まずヒレをきつね色になるまでとろ火であぶる。ヒレを熱燗の酒に入れて、ふたをして30秒間ほど蒸らす。ふたを取って、火をつけてアルコールを飛ばせばおいしいヒレ酒ができ上がる。冬の寒い夜の晩酌には最高。

剣先するめ

北長門海岸国定公園内の漁村では、昔から懐かしい味のために、昔ながらの漁師独特の加工方法で味付けしたものが、今日に伝えられている。密閉式定温乾燥天日干しで素朴で昔懐かしい味に仕上げた剣先するめは絶品である。

平太郎

長門市仙崎は日本海屈指の漁港として栄え、新鮮な魚が水揚げされている。中でも長門の平太郎といえばはずせない干物。魚名はオキヒイラギで、群れをなして行動し、大量に捕れるが、可食部が少ないため利用価値が低い魚として敬遠する地区がある。山口県北浦地域では昔からこの魚のうま味を知り尽くしており、最もおいしい干物として食べられている。

金太郎

鮮やかな朱色の美しい小ぶりな姿を形容している。地元では人気である。魚はスズキ目ヒメジで、長門ではこの金太郎が多く捕れる。主に干物に加工する。

日本海の対馬流域に生息する。下顎に2本のあごひげがあり、見た目に特徴がある。漁獲量が少ないので市場に出回るのは少ない。成魚は15cm程度で、脂肪分の少ない白身魚として、その肉質からも練り製品の加工原料などにも利用されている。濃厚な甘みがあり、ほっこりするうまさが特徴である。

Ⅲ

営みの文化編

伝統行事

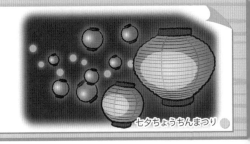
七夕ちょうちんまつり

地域の特性

山口県は本州の西端に位置する。中国山地を境に、日本海沿岸・瀬戸内海沿岸・山間地域の3つに分けられる。海岸線は複雑で周辺に約240の島がある。平地は少なく、大部分が標高の低い山地や丘陵で、西部の丘陵地には日本最大のカルスト台地の秋吉台がある。気候は、日本海側は冬に降水量が多く季節風も強いが、対馬暖流の影響で比較的温暖である。瀬戸内海は、一年中温暖である。山間部は、内陸性で気温差が大きい。

江戸時代には、この地を治めた長州藩主毛利氏が、荒地の開発や沿岸低地の干拓を行ない、多くの新田や塩田を開いた。また、殖産興業に力を入れ、和紙、はぜ蠟を特産とし、米・塩とあわせて「防長四白」と称した。こうした藩の経済力は、のちに明治維新の原動力となった。

近代以降は防府・徳山・小野田などが臨海鉱工業都市としての発達をみた。また、関門海峡に面した下関は、江戸時代から北前船航路の要衝であり、以後も朝鮮・満州・台湾との貿易港として栄えた。海底トンネルが開通した現代では、遠洋漁業の基地となっている。

なお、伝統工芸では、萩焼・赤間硯・大理石製品などがよく知られる。

行事・祭礼と芸能の特色

山口県の文化的な特色は、中世系の「大内文化」と近世系の「毛利文化」が共存して伝わっているところにある。前者は、山口に来て住んだ雪舟や宗祇などの文人墨客の影響を受けたもので、大内文庫として仏書や儒書などが遺る。後者の一例としては、『風土注進案』をはじめとする歴史書や文化地理書が毛利記念館に数多く遺されている。

下関の先帝祭や萩の大名行列などは、往古の栄華を伝えるまつりであるが、一方で農村や漁村にはそれぞれに厳格な伝承を誇る行事や祭礼も多い。

山口県下の伝統芸能としては、行波の神舞（岩国市）、岩国南条踊（岩

国市)、三作神楽(新南陽市)、八代の花笠踊(周南市)、徳地人形浄瑠璃(山口市)などがある。

主な伝統行事・祭礼

赤間神社の先帝祭
　　5月2日から4日まで行なわれる赤間神宮(下関市)のまつり。祭神は源平の合戦で壇ノ浦に入水した安徳天皇で、後白河天皇が安徳天皇のためにその命日の3月24日を期して法要を営み、これを「先帝祭」と称したことにはじまる。その後、現行に改めた。

　2日には、御陵前祭・平家墓前祭が行なわれる。3日は、平家の落武者の子孫と伝える中島組の漁夫が、麻の大紋・引立烏帽子をつけて拝殿に参拝。次いで、呼びものの上﨟道中が行なわれる。これは、平家滅亡の後、建礼門院の女官たちが港の遊女になって安徳天皇の菩提をとむらい、毎年の先帝祭には女官時代の衣装をつけて社参したという故事にならったもの。上﨟は、十二単衣の上に打掛を着け、官女は白衣に緋袴をつけて、かむろ(遊女につかえる女子)や稚児を従えて神社に参拝する。このほかに、花魁道中なども行なわれ、多くの見物客でにぎわう。

　前後して、「しものせき海峡まつり」が行なわれる。

防府天満宮御神幸祭(裸坊祭)
　　毎年11月の第4土曜日に行なわれる防府天満宮(防府市)の大祭。防府天満宮は、京都の北野、九州の太宰府とあわせて日本三天神のひとつであり、御神幸祭は、菅原道真公が、太宰府へ下る途中に当地へ立ち寄った際の送迎の古式の儀を伝えるもの、といわれ、西日本屈指の荒祭りとして知られる。

　当日は、夕方6時過ぎ、拝殿正面の扉が開かれると、白装束の裸坊数百人が一斉に拝殿になだれ込み、「兄弟ワッショイ」の掛け声が響きわたる。先頭神輿、第二神輿と次々に担ぎだされる神輿を1,000人ほどの裸坊が取り囲む。次いで、地響きをたてながら御網代輿が拝殿の階段を下り、参拝者が見守るなか、楼門を経て58段の大石段をすべり降りる。その間、裸坊は、何とか御網代輿に触れようとする。古くから御網代輿に触れると諸願が叶うと伝えられてきたからだ。

　大石段を無事降りた御網代輿は、金鳥居前で台車に仕立てられ、御神幸

の行列に加わり、道真公が上陸したという勝間浦の御旅所（浜殿）へ。数千人の裸坊が練り歩く長蛇の列はまさに壮観である。

　浜殿での神事のあと、道真公着舟の故事にならった浜殿奉行の手により、一夜御酒による接待が行なわれる。神事終了後、行列は再び防府天満宮まで練り歩き、夜9時過ぎに還幸となる。

　なお、裸坊による供奉は、江戸時代中期以降のこと。とくに崇敬の念の篤い信徒たちが、心身の穢れを清めるため寒中水垢離（みずごり）をとり裸体となって、わずかに白木綿を身にまとって供奉するようになった。近年は、白シャツなどによる白装束姿で行なわれている。

玉祖（たまのおや）神社の占手（うらて）相撲

　玉祖神社（防府市）の例祭（9月25日に近い日曜日）前夜に行なわれる。社伝によれば、仲哀（ちゅうあい）天皇が神功（じんぐう）皇后とともに熊襲（くまそ）征伐の折にここに参詣して、軍の吉凶を占ったことにはじまる、と伝わる。昔は、真夜中の丑の刻（午前2時）に行なったので、「夜相撲」とも呼ばれている。占手とは、昔の相撲では関脇にあたる者をいった。

　占手相撲は、上門と二の鳥居の間の参道で行なわれる。この神事を務めるのは、宮付といって古来この神社の神事に関する諸役を奉仕した家柄の者である。

　石畳に忌竹（いみだけ）を四隅に立てて注連縄（しめなわ）をめぐらし、庭燎（にわび）を焚く。注連縄の中には裃（かみしも）を着けた宮付首座2名が東西に分かれて座る。宮司は、注連縄の外側の神門の下に着座する。

　行事所役2名が裸に白羽二重の褌（ふんどし）を締め、東西に分かれて着座する。神職が行事所役を大麻（おおぬさ）で祓（はら）い、次いで行事所役は宮付首座から「不浄除守（ふじょうよけまもり）」と書かれた忌串（いぐし）を受ける。

　次いで、行事所役2名は、並んで宮付首座から円座を受けて正面へ供え、同様に太刀を受けて円座の上に供える。東西に分かれた行事所役は、相撲の蹲踞（そんきょ）に似た姿勢で腰に手を置いて対峙し、左足を左斜めに一歩進めては蹲踞し、さらに右足を進めては蹲踞、左足を進めては蹲踞、と繰り返しながら三歩進み、相手と向き合ったところで自分の左腰を叩く。終わると同じように左右左と後退し、一度目を終える。二度目は右足から、三度目は左足から歩を進め、そのつど蹲踞を繰り返し、二度目は右腰、三度目は両腰を叩く。このあと、両者が並んで円座と太刀を下げて1回目の行事を終

える。

2回目は、最初の足をかえて同じように三歩進んで腰を叩く動作を繰り返し、最後に円座と太刀を下げて終わる。宮付首座は、円座に忌串を突き立てる。

3回目は、前の2回と同様に蹲踞に似た姿勢で前に進み、腰を叩くかわりに互いに一度目は右の掌、二度目は左の掌を合わせて後退し、三度目に互いの両手をからませて取り組んだままとび跳ねながら東西の位置を交換し、掌で平年12回、うるう年13回地面を叩く。その後、両人は、神前に向かい両手を掲げ関の声をあげて終了する。現在では2回目の相撲の所作を省き、ここに3回目の所作をつけて、2回で納めとしている。

笑い講　防府市大道小俣地区に伝わる神事。小俣八幡宮の農業祭に行なわれる。

小俣八幡宮の社伝によると、はじまりは鎌倉時代の元治元（1199）年とされる。旧暦12月1日に、農業神である大歳神を迎え、1年の収穫に感謝し、来る年の豊作を祈願するというものである。現在は、12月の第1日曜日に行なわれている。総数21戸の講員が世襲によって伝えており、毎年そのうちの1戸が当屋（頭屋）となり会場を提供する。

まず全員が着席し、直会の後、神主が「笑いの神事」を宣言する。上座と下座に座った講員に大榊が3本ずつ渡され、交互に3回笑いあう。1回目は、今年の収穫を喜び、2回目は、来年の豊作を願い、3回目は今年の悲しみや苦しみを忘れるためであるとされる。2人ずつ笑い、最終的には講の全員が笑うことになる。笑い方が不真面目とか不十分とみられると、やり直しが命じられる。

年末の奇祭として全国的に知られる神事となっている。

ハレの日の食事

冠婚葬祭や会合に欠かせないのが「いとこ煮」である。小豆と紅白のかまぼこ・白玉団子などを甘く煮たもので、「煮入れ」ともいわれる。なお、仏事には白い団子、アワビ、サザエが使われる。

下関では、年越しにクジラの赤肉を食べる習慣がみられる。

山口名物といえば、フグが数えられるが、ハレの日の食事にはほとんど登場していない。

Ⅲ　営みの文化編

防府天満宮

寺社信仰の特色

　山口県の寺社信仰は大陸に近い豊浦や北浦で逸早く展開したと思われる。下関市の住吉神社は神功皇后の創祀を伝え、県内唯一の名神大社で長門一宮、日本三大住吉の一つでもあることから、相当古い由緒がうかがえる。長門二宮の忌宮神社も、同三宮とされる杜屋神社・龍王神社・亀山八幡宮も、長門国分寺跡も下関にある。北浦では萩市大井と長門市西深川で白鳳時代の寺と仏塔の存在が確認されている。

　ただし、内海の周防灘に面した地域でも、周防一宮の玉祖神社（防府市）が三種の神器の八尺瓊勾玉をつくった玉祖命の墓所と伝えることから、下関住吉神社より古く鎮座したとも思われる。〈玉祖神社の占手相撲〉‡は神功皇后の創始という。社前を流れる佐波川を遡れば周防二宮の出雲神社があり、出雲族の進出も想像される。なお、防府には日本三大天神の一つ防府天満宮もあり、現在は県内最多の参拝者数を誇っている。

　周防灘は大陸と都を結ぶ要路であることから、福岡・下関・大阪の日本三大住吉や、太宰府・防府・北野の日本三大天神の結び付きが生じたと思われるが、宇部市の琴崎八幡宮と周南市の遠石八幡宮も、筥崎・宇佐・石清水の日本三大八幡宮を結ぶ線上ゆえに祀られたと思われる。

　内陸部の山口が「西の京」と称される栄華をみせるのは14世紀の大内弘世からで、国宝五重塔の瑠璃光寺や雪舟庭の常栄寺、周防五社、今伊勢の山口大神宮、今八幡宮、日本初のキリスト教教会の大道寺、〈鷺の舞〉の八坂神社などは、大内文化を象徴する寺社である。

　印象深いのは悲劇の人物に寄せる想いである。わずか6歳で壇ノ浦に沈んだ安徳天皇を祀る下関市の赤間神宮、武断派家臣の謀反で自害した大内義隆を弔う山口市の龍福寺、安政の大獄で斬殺された維新の指導者吉田松陰を祀る萩市の松陰神社、白滝山麓で暗殺された勤王憂国の公家中山忠光を祀る下関市の中山神社などは、その代表格であろう。

110　　凡例　†：国指定の重要無形／有形民俗文化財、‡：登録有形民俗文化財と記録作成等の措置を講ずべき無形の民俗文化財。また巡礼の霊場（札所）となっている場合は算用数字を用いて略記した

主な寺社信仰

薬師堂
周防大島町久賀八幡上。薬師寺や石風呂堂とも称する。周防大島88-52。本尊は鎌倉時代作の木造薬師如来坐像であったが2003年に盗まれ、現在は住民が再建した像の前で毎月12日に法会を、4月と11月の12日には大法要と御接待を営んでいる。17世紀に33観音石仏が寄進され、うち2体が「嫁いらず（樋の尻）観音」「ぼけ封じ観音」と崇められる。堂の手前には〈久賀の石風呂〉†がある。東大寺を再建した重源上人が周防での木材調達に際して1186年に築造したと伝える石積式蒸風呂で、戦前まで蒸気浴による湯治が続けられていた。また、堂の向かいには生涯学習のむら・歴史民俗資料館があり、宮本常一の指導で収集された、石工、鍛冶屋、船大工、桶・樽屋、傘・提灯屋、機屋、紺屋、醤油屋、瓦屋に関する〈久賀の諸職用具〉†2,707点などを保存展示している。

新宮神社
岩国市周東町祖生。中村に鎮座。周防灘に注ぐ島田川の中流域にあり、三女神を祀る。1226年に安芸国の市杵嶋明神を勧請したのが始まりと伝える。8月15日（1947年までは8月16日）に行われる〈周防祖生の柱松行事〉†は、隣接する山田では8月19日、落合では8月23日に行われ、「祖生の三本松」ともよばれている。1734年、疫病の蔓延で牛馬が多数死んだため、その慰霊と除災のために旧暦7月18～20日に始めたという。松明の打上は盆踊と花火の後にある。灯明に見立てた高さ約20mの柱松の頂上に、萩の小枝と桐の葉で編んだ鉢（笠）を置き、その上に挿した御幣（長旗）を目掛けて松明を投げ上げ点火を競う。見事点火すれば仕掛花火が炸裂し、轟音とともに夜空を焦がす。最後に迎え火と称して全員が松明を高く投げ、太鼓がシャギリとよばれる調子の撥捌きで囃して締め括る。

東神明宮
柳井市阿月。1644年、浦就昌が阿月領主になった際、天照皇大神宮を祀ったのが始まりと伝える。同時に豊受大神宮も祀り（西神明宮）、両宮創祀に始めたのが2月11日（昔は旧暦1月15日）に行われる〈阿月の神明祭〉†という。浦氏の祖が1592年の朝鮮出兵に際して伊勢神宮に祈願して大勝した軍神祭を受け継ぎ、左義長（宮中の悪魔祓い）に由来するトンドと神明信仰が習合した祭事であるという。神木（松に竹を縛った芯棒）に椎の枝でつくった餅柴や神宮大麻を貼り付

Ⅲ　営みの文化編

けた扇餅、梅の枝、諸葉、裏白、新笹、五色の吹流しなど飾り立てた、高さ20mの大鉾を海辺に立て、初婚男子を海に放つ水祝いをし、神明踊りや長持ジョウゲを奉納し、夜に鉾を燃やして海側に倒す。鉾の飾りは家に飾ると護符となり、紙で蟹を模した飾りは耳の病気を治すと言い伝えられている。

龍文寺 周南市長穂。曹洞宗。1429年、富田若山城主の陶盛政が陶氏代々の菩提寺として開基。勧請開山は竹居正猷禅師で、創建開山は竹居の弟子の在山和尚である。在山が寺の適地を探していた時、鹿王が現れて玉を献上したことから鹿玉山と号したという。また、在山は当地の大沼に棲む龍から土地を譲られて寺を建て、龍門寺と名付けたとも伝える。龍文寺と改めたのは在山を継いだ3世の器之禅師と伝え、毘沙門天から粳米の長穂を与えられて寺を中興したという。5世の為宗仲心は永平寺を復興した功績を称えられ、山陽・山陰・西海の3道を統べる寺として鎮西吉祥山の号を受け「西の永平寺」とよばれた。1557年に陶氏は滅亡したが、その追善供養のため毎年旧暦7月7日に営まれたのが〈長穂念仏踊〉であるという。敬語という祝詞を唱える古式ゆかしい雨乞い踊りである。

阿弥陀寺 防府市牟礼。華厳宗。華宮山と号する。1187年、東大寺再建のため良材を求めて周防国に入った大勧進の重源上人が開山した東大寺周防別所(東大寺別院)と伝える。境内にある〈阿弥陀寺の湯屋 附 旧鉄湯釜 旧鉄湯舟残欠〉†は、施浴(浴場念仏)を行う施設で、1197年鋳造の国宝「鉄宝塔(水晶五輪塔共)」の銘に「釜一口闊六尺 鉄鋳一千斤」とあることから、重源が施湯のためにつくった「長日温室」の後身とみられる。この鉄釜はいわゆる五右衛門風呂(長州風呂)の祖形と考えられている。現在は、桁行11間・梁間3間の平屋内に釜と洗い場と脱衣室があり、釜で沸かした湯を湯舟に汲み取り、花崗岩敷きの洗い場で湯舟から取った湯を体にかけて浴びる「取り湯」の民俗が伝承されている。7月14日の開山忌の施浴など、現在も石風呂は焚き続けられている。

野田神社 山口市天花。1873年、毛利元就(仰徳大明神)を祀る豊榮神社の別殿に、長州藩最後の藩主毛利敬親(忠正)を祀って忠正神社と称したのが始まりで、翌年に現称に改めた。1886年、現在地に遷座。その遷座上棟式に、長州藩狂言方の春日(佐々木)庄作(1816

〜97）を招いたところ、庄作は山口市道場門前の本閏寺（日蓮法華宗門西国弘通最初之道場）に住むようになり、当社の能舞台での能会を中心として山口で活躍し始め、多くの門弟を育成して〈鷺流狂言〉‡を山口に広めた。境内には明治維新70周年記念に毛利家が寄進した全国屈指の野外能楽堂があり、能や狂言の伝統を今に伝えている。鷺流は近世には大蔵流・和泉流とともに狂言三流と称されたが、明治維新で中央から姿を消した。1954年、石川弥一が『能狂言考説』を出版したことが機縁で保存会が結成された。

黄帝社（こうていしゃ） 萩市須佐。国名勝・須佐湾の北にそびえる高山（神山）の8合目に建つ曹洞宗宝泉寺（瑞林寺）の鎮守社。狗留尊仏黄帝小社ともよばれ、船霊や弁天様または中国古代の伝説的皇帝である黄帝を祀った。狛犬の台座は船形で2基とも西を向く。須佐港と江崎港の間にあって日本海に突出した高山は、昔から航海の目印で、須佐之男命が新羅往来の際に海路を望んだ地と伝え、沖を行く船は帆を下げて敬拝した。造船・航海の守り神として海上関係者から信仰され、日本海側各地の船頭や船主が海上安全祈願や遭難無事報謝に絵馬を奉納した。〈須佐宝泉寺・黄帝社奉納船絵馬〉†49点が萩博物館に保管されている。高山の南には弘法大師が開いたと伝える熊野八相権現社があった。また、東にそびえる峰は行者様とよばれ、熊野権現を祀る行者堂や高良権現の祠が残っている。

南原寺（なんばらじ） 美祢市伊佐町堀越南原。真言宗。長門33-17、ぼけ封じ33観音23、山口県18不動07。伊佐大峰山の南に対峙する、長門三山・長門四峰の一つ桜山の中腹に建つ。神功皇后が光明岩で難を払う祈願をし、後に聖徳太子が46か寺の一つを当地に建立して難払寺と名付けたのが始まりという。やがて荒廃したが、叡福寺の仏眼上人や元慶寺の厳久らを連れた花山法皇が中興したと伝える。山頂部には花山法皇御陵と伝わる積石遺構があり、中世の古墓11基と経塚4基が発掘された。日吉山王権現を鎮守とする修験道場として栄え、山麓の伊佐売薬でも知られた。美祢市歴史民俗資料館は〈伊佐の売薬用具及び売薬関係史料〉を保管展示している。1760年に永賀阿闍梨が造立した鳴る地蔵は長門国七不思議の一つ。

薬師堂（やくしどう） 宇部市芦河内。芦河内集落のほぼ中央、往来が多かった旧道の辻に建ち、昔は村人が親睦を深めたり、旅人を接待するなど

の〈周防・長門の辻堂の習俗〉‡が盛んにみられた。1394年、堂ヶ原（宇部市東吉部大畑〜岡山附近）から飛来した薬師如来と阿弥陀如来の像を、一宇を建立して安置したのが始まりという。現在の堂は1690年の再建と思われ、茅葺・寄棟造・正面3面吹放しで、県内の辻堂の中でも最も古式で秀麗である。現在、堂内には室町時代の阿弥陀如来・薬師如来・毘沙門天の立像、江戸時代の地蔵・十王・奪衣婆坐像や十二神将立像など計33軀が安置されている。戦前は前庭で雨乞い・盆供養・虫送りなどの行事が営まれ、なもうで踊（念仏踊）が奉納された。こうした祭礼の道具一式も堂内に保管されている。堂前の広場には杉の古木と地蔵や板碑が並ぶ。

赤崎神社

長門市東深川。深川・仙崎の総氏神である飯山八幡宮の境外摂社。1211年の創建と伝え、現在は三女神・保食神・天熊人神を祀る。五穀の祖神、牛馬の守護神、北長門鎮護の神として北浦一帯から崇敬されたという。例大祭は9月10日（昔は旧暦8月10日）で、楽踊と湯本南条踊の風流芸と、地芝居に付随していた三番叟から成る〈赤崎神社奉納芸能〉‡が上演奉納される。1596年、牛馬の疫病が流行し、深川村で380頭余もの牛馬が疫死したとき、平癒立願成就の報謝として楽踊を奉納したのが始まりという。楽踊と南条踊は擂鉢状の野外劇場である〈赤崎神社楽桟敷〉†で演舞される。踊りや芝居を見る階段状の高桟敷と、夜の芝居を見る平桟敷があり、昔は由緒に基づいて先祖代々の所有者が高桟敷約130戸・平桟敷約70戸と決まっており、所有者以外は利用が禁じられていた。

向岸寺

長門市通。海雲山般若院と号する。1401年、禅宗の西福寺として開創。1538年、忠誉英林が再興して浄土宗となる。当地では古くから捕鯨が行われていたが、1673年から苧網（青苧の縄で編んだ網）が導入されて捕獲量が劇的に増加した。1679年、清月庵（観音堂）に隠居した讃誉春随住職は、殺された鯨の菩提を弔う回向法要を始め、1692年には漁師（鯨組）から鯨の胎児を貰い受けて埋葬し、墓（国史跡「青海島鯨墓」）と鯨位牌を建立、殺された母子の鯨に人間と同じように戒名をつけて鯨鯢過去帳に記録し始めた。今も続く鯨鯢魚鱗群の霊を弔う気持ちを、詩人の金子みすゞは「鯨法会」や「大漁」で綴った。1993年、くじら資料館が鯨墓の近くに開館し、〈長門の捕鯨用具〉†など捕鯨の資料を保存・展示している。

蓋井八幡宮
ふたおいはちまんぐう

　下関市蓋井島。集落を見下ろす丘の中腹に鎮座。神功皇后と皇后が下関で産んだ応神天皇を祀る。1395年、岩戸に祀る氏神住吉荒魂大神を遥拝する地に社殿を建立したのが始まりという。例大祭は10月23日。麓には蓋井の泉（真名井）があり、その水は氏神や長門一宮の住吉神に供える神水とされ、神功皇后が蓋で覆い、一般の取水を許さなかったという。泉の上には水ノ明神を祀る若宮社が建てられ、8月15日には雨乞いの祈禱が行われた。丘の麓には4つの〈蓋井島「山ノ神」の森〉†が分布し、禁足地となっている。地元では山ともよび、辰年と戌年の11月に〈蓋井島「山の神」神事〉‡を営む。山を作り物（数多くの人形など）で飾り、山の神を当元に迎え、3日2夜の賄いを盛大に行い、再び山へ送り、倒木や枯木で組んだ円錐の前に75組の膳と箸と餅を供えて鎮める。

伝統工芸

赤間硯

地域の特性

　山口県は、本州の西端に位置する。温暖な気候で、風水害や地震は比較的少ない。南方は瀬戸内海、北西は日本海に面している。海岸線の総延長は1500kmに及ぶ。周囲には、見島を始め200以上の島がある。

　日本海を介して中国大陸や朝鮮半島との交流があり、九州と西日本との交通の要衝として文化を伝承する場となった。石器時代から、縄文・弥生時代の遺跡があり、古墳も多く点在する。

　県東部まで中国山地の主脈が及び、西部は支脈の500mほどのなだらかな山々に覆われている。山中に日本最大級のカルスト台地と鍾乳洞のある秋吉台があり、国定公園と特別天然記念物に指定されている。雄大な景観を見せる大地は、さまざまな地中の資源に恵まれている。美祢市の銅は、奈良時代に東大寺大仏の鋳造に用いられ、山口市の木材は、平安時代に東大寺の再建に使われた。現在はセメントを産出している。

　平安時代、下関の壇之浦の戦いは、貴族社会から武家社会への一つの転機となった。武家として勢力を拡大した大内氏は、山口に戦乱を逃れた公卿や文化人を招き、西の京といわれる街を出現させた。

　江戸時代には、毛利氏が萩を居城として文化や地場産業を振興した。幕末に維新の原動力となる多くの人材が出たことで知られている。

伝統工芸の特徴とその由来

　山口県には、800年以前からの伝統工芸がある。鎌倉時代初期、俊乗坊重源が伝えたとされる「徳地和紙」である。14世紀、大内氏の時代にはきわめて質の高い紙となった。現在も伝統技法を受け継いでいる。端正な姿と独特な色で好まれる「赤間硯」も、鎌倉時代にはつくられていたという。日本海の島で、和紙とタケを用いてつくられる大凧「見島鬼揚子」は、平

安時代からあったともいわれている。「大内塗」は、14世紀の南北朝時代以降、大内文化に育まれた伝統工芸である。

萩焼は、17世紀の初期に毛利氏が朝鮮の陶工に開かせた窯に始まり、藩窯として茶陶の逸品が制作された。江戸時代、瀬戸内海沿岸に栽培が広まったワタを使用する綿織物、「柳井縞」の生産が始まった。「金魚ちょうちん」は、柳井の商人が子どものためにつくり始めたとされている。

知っておきたい主な伝統工芸品

萩焼(はぎやき)（萩市）

萩焼は、茶碗や花器、各種の食器や置物など、幅広い用途に用いられる陶器だが、始まりは茶陶を焼く藩窯であり、「一楽、二萩、三唐津」と謳われる茶碗は高い評価を受けている。柔らかな土味と、高い吸水性に特徴がある。長年の間にお茶がわずかずつ染み込み、陶肌の色彩が移ろう。茶の湯において「茶馴れ」「萩の七化け」と呼ばれる貴重な現象である。絵付けに頼らず、土と釉薬、へら目などと、登り窯の炎との出会いがつくり出す唯一無二の世界が魅力となる。

萩焼の陶土は、大道土、金峯山土、見島土を基本とする。ざっくりとした焼き締まりの少ない土である。土が粗いことで、浸透性・保水性・保温性が高く、土と釉薬の収縮率の違いにより、表面に細かいヒビ（貫入）ができる。水分は貫入から浸透し、浸透した器の中から表面に至る。使い込むほどに器の色合いは、侘びた雰囲気になる。その色彩は、大道土の枇杷色系、見島土の褐色から灰青色、藁灰釉の白系統などがある。土は混ぜ合わせることで、多様な色彩が得られる。

萩焼は、日用の湯呑でも使い始めの頃は漏れているが、繰り返しお茶を入れるうちに、貫入に茶渋が詰まり、漏れなくなるとともに色変わりを味わうことができる。また、萩焼では、抹茶碗などの高台部分を大切にしている。器全体の印象を決める要素でもあり、土見せという釉薬を掛けないことで、土への思いを表現するところにもなっている。

萩藩祖毛利輝元は、豊臣秀吉や千利休と交わりを許された茶人でもあった。16世紀末の文禄・慶長の役では、朝鮮から陶工李勺光、後に弟の李敬を招致した。1600（慶長5）年、関ヶ原の戦いに敗れ、広島から萩へ移った輝元は、李兄弟に藩窯を萩の松本村に開かせ、ここに萩焼が始まった。今では、作家の個性を発揮した新しいデザインの萩焼もつくられている。

大内塗(おおうちぬり)（山口市、萩市）

大内塗は、大内朱といわれる落ち着きのある赤色の地(いろうるし)に、黄緑の彩漆ですっきりと描かれた秋草と、潤みを帯びた雲形模様に、金箔で菱形の大内菱を散らした「大内紋様」に特徴がある。丸盆や銘々皿、茶托、椀や箸など、製品はさまざまであるが、大内人形と呼ばれる夫婦人形には、西の京と謳われた山口らしい物語がある。

1360（正平15／延文5）年に山口に本拠を移した南北朝の武将大内弘世は、京の都に倣った街づくりを行い、京の三条家から花嫁を迎えた。都を恋しがり、いつも泣いている花嫁を慰めようと、弘世は京から迎えた職人に人形をつくらせ、人形御殿といわれるほど屋敷中に置いたという。花嫁は喜び、二人は仲よく暮らしたという話である。全体は福福とした丸い形、丸顔に切れ長の目とおちょぼ口の人形は、家内円満の縁起物として人気を集めてきた。

大内塗の起源は不明であるが、大内氏は漆製品を重要な輸出品としていた。当時の作といわれる、防府市の毛利博物館所蔵の大内椀は、紅色の下地に金箔や色漆で四菱形、雲形、枝菊文が施され、絢爛豪華(けんらんごうか)な大内文化を象徴している。1552（天文21）年、大内氏は滅亡し、対外交易は途絶えた。漆工芸も大きな影響を受けたが、江戸時代には日用品の制作が続けられ、明治時代に大内塗として復興した。

現在は、山口県の代表的な伝統工芸である萩焼と協力し、陶器と漆を組み合わせた作品などの商品開発や販路拡大などを積極的に行っている。

赤間硯(あかますずり)（宇部市）

赤間硯は、赤紫がかった褐色の石の色に最大の特徴がある。形は、自然石の形状を活かした野面硯(のづら)、角硯や丸硯、彫刻硯や蓋付き硯などの種類がある。採掘から仕上げまで工程すべてに高度な手の技を尽くして制作される硯は、格調の高い道具として書家の心を捉えている。

赤間硯となる石は、輝緑凝灰岩(きりょくぎょうかいがん)である。白亜紀（6000万年以前）の噴火による噴出物が堆積して変質し、酸化鉄を含むため赤みのある紫色を帯びている。緑色の層が入っていることもある。石眼や美しい文様を秘めた赤間石は、硬く緻密で粘りがあり、細工がしやすい。硯石として非常に優れた性質をもっている。墨を磨るおろし金のような役を担う鋒鋩(ほうぼう)（石の表面の粒子）が細かく一定にあるため、発色のよい墨を気持ちよく磨(す)ることが

できるという。

　硯づくりは、採石から始まる。つくり手みずから山の穴に入る。地元の赤間石の層は厚さ10mくらいの層をなしているが、原石となるのはその中の一部に限定される。層を見きわめ、火薬を使って岩を割り、削岩機などで採掘する。原石を鏨で割り、硯とするものを選別し、必要な厚さに削り、底と側面を平らにする。硯の内側になる個所を削り、縁を立てる。鑿の柄を肩に押し当て、身体全体の力で押し削り、墨を磨る丘と墨を貯める海をつくる。石を活かす加飾彫り、磨き、漆塗りなどを経て仕上げる。

　赤間硯は、1191（建久2）年に源頼朝が鎌倉の鶴岡八幡宮に奉納したといわれ、約800年の伝統がある。江戸時代には、長州藩の献上品となり、採石は藩の許可のあるときにしか行われなかった。

　赤間硯は、現在も貴重な赤間石を用いて伝統的な技法で丁寧に制作されており、さらに洗練された意匠が追求され、鑑賞と実用の両面に魅力のある伝統工芸となっている。

見島鬼揚子（萩市）

　畳6〜8枚程度の四角い大凧である。赤と黒、緑で、牙をむきだした迫力のある鬼の面が描かれている。面の下には「ヘコ」と呼ばれる紅白縞の2枚の尾が下げられている。

　見島鬼揚子は、平安時代からあったともいわれる伝統工芸である。家に初の男の子が誕生すると、近所の人や、親戚・縁者、友人など大勢が祝いとして傘紙をもち寄る。これを竹の骨に貼り合わせたため、大きな凧ができたという。正月に、人々は力を合わせて鬼揚子を大空高く舞いあげ、子どもの誕生を祝福し、元気に成長するように祈願した。

　鬼の顔は、にらみを利かせて悪事や災難を去らせる魔除けであり、縁起物でもある。子どもの身を守ってほしいという願いを込めて空にあげる凧のほかに、小さい鬼揚子を家庭や商店に飾り、家内安全や商売繁昌を祈ることも行われている。

　見島は、数百万年前の火山活動によってできた島で、山口県の最北端に位置する。萩市から45km、高速船で約70分の距離にある。火山活動から生じた玄武岩の中には、萩焼に用いる鉄分の多い赤黒色土がある。見島土と呼ばれ、胎土に配合するほか、化粧掛けや釉薬との調合などに欠かせない原料であり、伝統工芸の萩焼にとっても大切な地域である。

金魚ちょうちん（柳井市）

金魚ちょうちんは全長30cmくらいで、パッチリと見開いた黒目と、紅白のすっきりとした色使いにまとめられている。丸い胴体につけたひれと尾が風にそよぐ。割り竹の骨組の上に和紙を貼り、染料で色付けをする。

今から約150年前、柳井の夏祭りには、子どもたちが浴衣を着て金魚ちょうちんに火を灯し、宵の町へと出かけたという。今では夏の風物詩として、白壁の町並みも彩りを添えている。大きなしっぽの赤い金魚は、愛嬌あるその姿で、装飾品や土産品としてつくり続けられている。

江戸時代末期、柳井の商人が子どものために弘前（青森県）の「金魚ねぷた」に倣って、金魚の形をつくり、「柳井縞」の染料で彩色したことが始まりであるといわれている。金魚ねぷたは、弘前藩の保護のもとで繁殖を試み、改良には成功したものの事業化されなかった津軽錦という鑑賞用の金魚を灯籠にしたものから始まったといわれる提灯である。

柳井縞は、江戸時代に栽培が瀬戸内海沿岸に広まったワタを、商人が職人に渡し、織り賃を払い反物を引き取る「綿替」によって発達した伝統織物である。岩国藩が、1760（宝暦10）年に織物の検印制度を始め、品質を保証したという。明治時代後半から衰退したが、近年、柳井縞の会を中心に復活をはかっている。

大理石加工品（美祢市）

美祢市で採れる大理石は、白やグレーを基調として、結晶の荒いものから小さいものまである。赤系、黄系、黒などの部分もあり、多彩である。この石の複雑な紋様と色を活かしてつくられる、花瓶や灰皿、文鎮や置物、風鎮などが伝統工芸の大理石加工品である。自然に生まれた墨流しのような模様と、艶やかな石の光沢は、独特な質感を伝えてくる。

大理石が建材として使われたのは、山口県から初代外務大臣となった井上馨が、地元のセメント会社の創立者に依頼して採掘させ、1891（明治24）年に東京の自邸に用いたのが始まりといわれている。1897（明治30）年代後半から、秋吉での本格的な採掘が行われ、電気配電盤の需要に応えた。これを契機に大理石産業が盛んになったが、工芸品は第二次世界大戦後に多く生産されるようになる。最近では、スタイリッシュなあかりやペーパーナイフなど新しい時代の感覚を加えた作品も多い。

民　話

地域の特徴

　山口県は本州の西端に位置し、西は関門海峡をはさんで福岡県に、東は広島県に、北東は島根県にそれぞれ接している。北は日本海、西は響灘南は瀬戸内海と三方を海に囲まれる。中央部を東西に中国山地が走り、瀬戸内海沿岸地域、内陸山間地域、日本海沿岸地域の3つの地域に分けられる。南西部は北九州とともに大陸への門戸的位置を占め、西日本における海陸交通の要衝として重要な地域的機能を果たしてきた。

　周防・長門の2国からなり、中世は大内氏、近世は毛利氏によって統治され、明治以降もその領域は変わっていない。長く農漁業を中心としたが大正時代以降、下関や宇部、小野田の工業化が進んだ瀬戸内海側は、現在重化学コンビナートと高速道路網の整備にともなう流通業が発展し、瀬戸内工業地域の一角をなしている。一方、日本海側は農漁業などの第一次産業と、明治日本の産業革命遺産として、世界遺産に登録された萩市の松下村塾など、文化資源を活用した観光業などが主たる産業となっている。

　大内氏の時代から続くとされる鷺の舞を奉納する山口八坂神社の祇園祭や、神功皇后の故事にちなむ数方庭祭は有名である。また、藩主御座船を模した山車や神輿が出る萩住吉神社のお船謡祭もある。浜出祭や蓋井島の山の神神事、相撲に似ていることから占手相撲とも呼ばれる玉祖神社占手神事、岩国南条踊や岩国行波の神舞など、地域ごとに特色ある民俗が伝承されている。

伝承と特徴

　山口県の民話と関係があるものに、『防長風土注進案』などの地誌類がある。萩藩主毛利敬親が藩政の資料とするために提出させた明細書を集成したもので、民話にかかわるものとして、地名や寺社の由来などが載っている。

大正から昭和初年にかけて刊行された郡町村誌には民話が載る場合もあったが、山口県における民話のまとまったものは1956（昭和31）年、宮本常一によって出された『周防大島昔話集』が嚆矢といえる。これは昭和初年に雑誌『旅と傳説』誌上で、柳田國男が呼びかけた昔話調査に応えたもので、宮本の故郷周防大島で祖父などから聞いた昔話をまとめたものがもととなっている。前掲書は、周防大島という一地域の民話を扱ったものだったが、その後、1960（昭和35）年に松岡利夫による『周防・長門の民話』が出された。ほぼ同時期に内田伸が「防長の昔話」を鋳銭司郷土研究会誌に発表するなど、県内在住者によって調査が進められ、市町村史などで民話が取り上げられるようになる。また、各地域の郷土研究会誌などが相次いで刊行され、県内の民話の調査が進んだ。1970年代までに採集された資料の動向は、『日本昔話大成』の各巻および『日本昔話通観 第20巻　広島　山口』に掲載されている。

　山口県は歴史豊かな土地柄のためか、大内氏や平家にかかわるもの、維新志士や毛利氏にかかわるものなど多くの伝説が伝承されている。また、近世期の捕鯨基地であった長門市域海浜部と、流通基地や南氷洋の近代捕鯨地として栄えた下関がある関係から、鯨にかかわる民話も伝承されている。近代に入るまで、周防・長門に分かれていたためか、民話の分布にも地域的な偏りがみられるなど、歴史的、地理的な在り方が反映された民話があるところに特徴がある。

おもな民話（昔話）

三年寝太郎

　昔、厚狭に庄屋があった。その一人息子の太郎は寝ることが好きで、村人は寝太郎と馬鹿にしていた。3年3か月の間寝て暮らした寝太郎は、父親に頼んで千石船を作ってもらい、積めるだけの草鞋を買い込み出発した。20日ばかりかけて佐渡島へ到着すると、金山で働いている人を呼び集め、履き古した草鞋と積んできた草鞋を交換した。古い草鞋で船がいっぱいになると、寝太郎は厚狭へと帰った。帰り着くと大きな桶を作り、積んで帰ってきた草鞋を洗った。桶の水を汲みだし、桶の底に溜まった泥を汲みあげると、そこに黄金があった。得た金を使って、寝太郎は難事業であった厚狭一帯の開作を完成させた（『ながとの民話』）。

寝太郎の伝承地である厚狭の千町ヶ原には、寝太郎を祀った寝太郎権現がある。この権現社から少し離れた円応寺には寝太郎稲荷木像が祀ってあり、その台裏には「寛永四年再彩色」とある。また、『風土注進案』「吉田宰判末益村」の条に寝太郎の話が出ている。その他、寝太郎にかかわる古文書も所蔵されている。三年寝太郎は全国にみられる民話だが、山口県ではかつて厚狭に実在し、千町ヶ原の開発を成し遂げた人物の話として伝承され、それを示す歴史史料も残されているところに独自性がある。

耳なし芳一

　阿弥陀寺（現・赤間神宮）に芳一という盲目の琵琶法師がいた。ある夜、芳一の枕元に侍が来て、身分の高い人に平家物語を聞かせてくれと頼む。芳一は侍についていき、壇の浦の合戦を弾いた。厚いもてなしを受け、侍からもう6日間来てほしいが、それを誰にも口外しないようにと命じられる。侍は毎夜芳一を連れ出た。寺の僧が怪しんであとをつけ、山中の七盛塚の前で琵琶を弾いているのをみつけ、和尚に知らせる。和尚は平家の怨霊のせいと考え、芳一の全身に般若心経を書きつけたが、耳にだけ書くのを忘れてしまう。やがて、侍が迎えに来たが、芳一の姿がみえない。侍は諦めて、闇夜に浮かぶ芳一の耳だけを持ち帰った。以後、侍は現れず、芳一は耳なし芳一と呼ばれ、琵琶の名手として有名になった（『ふるさと叢書Ⅱ　周防長門の伝説』）。
　小泉八雲（1850〜1904）による『怪談』で有名だが、民話として語られるものの他にも、八雲が参考にしたと考えられている『臥遊奇談』や『御伽物語』など江戸時代に書かれたものがある。和尚が山姥から逃げてきた小僧の耳にお経を書き忘れたため耳を取られた「耳切り団一」という民話も徳島県などにあるが、これと同様の話は山口県では採集されていない。

まぁだまだわからん

　昔、あるところに爺と孫がいた。その年はひどい日照りで、蕎麦を播く時期になったが、雨は一向降らなかった。それでも時期が遅れるというので、蕎麦を播いた。何日か経って、孫が畑へ行ってみると蕎麦の芽が出ていた。孫はそのことを爺に伝えたが、爺は「まだまだわからん」と答えた。それからまた何日か経って、蕎麦の花が咲いた。蕎麦が食えると孫が爺に言うと、爺は「まだまだわからん」と答えた。それからまた何日か経って、蕎麦に実がついた。これで蕎麦が食えると孫は爺に言ったが、爺は「最後の土壇場まで分からんもんじゃて」と答えた。できた蕎麦の実を収穫して、かき蕎麦を作

Ⅲ　営みの文化編

った。孫はこれでようやく蕎麦が食えると言ったが、爺は「まだまだわからん」と答えた。孫は爺の用心深さを笑ったが、その瞬間、持っていた茶わんを落としてしまう。それをみて爺は「そうらみいいの、ものちゅうのは、いよいよしまいまぁじゃぁ、わからんちゅうんじゃい、いまかたまで笑うたが、どうかぁの」と言った（『周防・長門の民話　第1集』）。

　物事は最後までわからないという教訓を伝える話である。この話を語る後藤柳助（ごとうりゅうすけ）は熊毛町勝間の生まれで、70話ほどの話を記憶していた。

なまこにまけた鯨

昔、鯨が自分に勝てるものはいないと自慢している様子を見て、なまこが笑った。鯨は怒り、なまこと競争をすることになった。なまこは仲間を集め、鯨と競争で泳ぐ先の浦という浦に待たせた。競争の日になって、鯨となまこは競争したが、何度やろうとなまこが先に着いた。とうとう鯨は負けを認めて、日ごろの自慢を謝った（『周防・長門の民話　第1集』）。

　山口県西部、下関市北部から長門、萩市にかけての響灘および日本海に面した地域は、北浦と呼ばれた。北浦沿岸地域では、北極洋の鯨が南下し、寄り鯨や流れ鯨として、古代より食用などに供された。北浦では捕鯨や流通を通して鯨が身近であったため、鯨はエビス神の使いだとか、鯨1頭で7浦にぎわうなどともいわれる。鯨が夢枕に立ち、親子で通るので捕獲しないでくれと懇願した話や鯨の胎児や一部を埋葬した鯨墓など、鯨をめぐる信仰や民話が多く確認できる。北浦の人たちの暮らしてきた環境や歴史が、民話にも反映されていることを教えてくれる。

吉吾ばなし

『ふるさと豊北の伝説と昔話　第2集浜出祭特集』にこんな話がある。昔、吉吾というとても頓智の才のある子どもがいた。ある日、浦の者たちが戸を閉めてフク汁（フグ汁）を炊いていると、吉吾がやってきて、戸の外から「こぼれる、こぼれる」と叫んだ。吉吾がうまいものを持ってきたのだろうと思い、戸を開けると、吉吾は何も持っていない。そこで先ほど「こぼれる」といった理由を尋ねると「みんなが隠れてフク汁を食べていたので、（悔しくて）涙がこぼれる、涙がこぼれるといったのだ」と答えた。吉吾はフク汁を一杯食べると急に横になった。もしやフクの毒にあたったかと心配になり、みんな食べるのを止めて、その場を後にした。みんながいなくなると、吉吾は起き上がり、一人、残されたフク汁を平らげた。

吉吾は豊前中津の住人とされ、中津吉吾とも通称される。大分県中津市を中心に北九州で広く聞く民話である。山口県では長門地方に多く伝承されており、長門地方が九州と関係の深かったことを教えてくれる民話である。

おもな民話（伝説）

白狐の湯　寺のほとりに小池があった。そこに白狐が夜毎訪れ足を浸し、傷を治しているのを見た和尚は池の近くを掘らせた。すると温泉が湧いたという（『山口の伝説』）。

　白狐が見つけた湯として有名な山口市湯田にある湯田温泉に伝わる伝説である。現在、この伝説にちなみ毎年4月、白狐に扮した松明行列などが出る「湯田温泉白狐まつり」が行われている。

　湯田温泉の由来伝説にもう一つある。大内義興が築山館で酒宴中、急病で倒れた。老僧がやってきて、持っていた壺の水を注ぎかけ回復させた。義興は老僧が残した温湯竜穴の地という言葉を頼りに探させた。すると、湯田に霞がかった小堂がみつかった。小堂のほとりを掘らせると温泉が湧き出した（『山口の伝説』）。

　湯田温泉の起源は明らかではないが、1200（正治2）年の国衙文書に湯田の地名があることから、少なくともそれ以前にはあったと考えられている。近世中ごろの湯田温泉は、近郷近在の老人などが時折湯治に来る程度で、家もまばらな片田舎といった風景であった。幕末になり、文久の政変で長州藩を頼って落ちてきた尊王攘夷派の三条実美など七卿がしばらく滞在したことで一躍有名になった。その後、山口町に県庁が設置されると各官衙や学校などが設けられ、それにともない湯田温泉も発展し、現在へと至っている。

般若姫物語　昔、豊後国に炭焼きを生業とする小五郎という男がいた。縁あって都から訪ねて来た身分の高い婦人と結婚し、その内助で富貴の身となり、真野長者と呼ばれるほどになった。長者に般若姫という美しい娘が生まれた。橘豊日皇子は、この姫を慕い、牛飼いに身をやつして長者の館に住み込んだが、数々の奇瑞によって皇子であることが知られ、姫と契りを結んだ。皇子が都へ帰った後、姫も上洛することになった。その途次、柳井に立ち寄ったが、その後大畠瀬戸で嵐に遭い、

Ⅲ　営みの文化編　　125

姫は嵐を鎮めるために身を投げた。姫の死を悲しんだ豊日皇子は真野長者に命じ、般若姫のために神峰山般若寺を建てた。

般若姫の伝説は、炭焼長者、炭焼小五郎、草刈山路、真野長者などの名前でも知られる。山口県だけでなく、関西や九州、東北など広く聞くことのできる民話である。話に出てくる柳井市平生町にある般若寺には『満野長者旧記』という縁起が伝わるほか、毎年12月の大晦日の晩には、般若寺と姫が身を投げた大畠瀬戸の明神様、周防大島町東三浦の松尾寺に火の玉が飛ぶといった話もある。

おもな民話（世間話）

山代の馬鹿話

『周防大島昔話集』にこんな話がある。山代の馬鹿が、岩国へ出て海をみた。海に波の打っているのをみて、びっくりして、この水は動いている。持って帰ろうと思ってつぼへ入れた。さて村へ帰って動く水を持って来たとふれると村人が続々集まって来た。そこで馬鹿がつぼのふたをとってみると水は動いていなかった。

同書には山代の馬鹿話がほかに12話載っている。そのどれもが山代の馬鹿の無知や愚かさを笑うものだが、海を知らない、蛸を知らない、鯛を知らないなど海に関する無知を笑うというところに、この話の一つの特徴がある。山代の馬鹿の山代は、周防の旧山代宰判（宰判とは、長州藩の郷村支配の単位）に属した玖珂郡本郷村、美和町、錦町と玖珂町の一部のことを指している。それらの町や村は話を伝える周防大島とは対照的に山村が多くあった。そのため、この山代の馬鹿話は海に囲まれた島の住人が、山村を無知な人たちが住む村とみなしているといえる。このような背景が、海のものに対する無知を笑う内容が多いことに繋がっていると考えられる。

シイ

地域の特徴

　山口県は三方を海に囲まれて本州では最長の海岸線をもち、その一方で、中国山地の西端を背負って山陰・山陽にまたがる。東は山陽道や瀬戸内海で畿内と、南は関門海峡や豊予海峡を経て南北九州と、そして西方・北方は響灘や日本海を隔てて朝鮮半島・中国大陸や山陰諸国・北陸と結ぶ。旧国で言えば周防・長門の2国からなるが、その一体感は、大内氏・毛利氏の時代から現在に至るまで、強く保持されてきた。

　山口県が歴史的・政治的に安定した版図をもちつつ、一方で周辺の地域と水陸で縦横に繋がってきたことは、山口県の民俗的な特徴にも影響を及ぼしているであろう。直接的には山海を通じた四国や九州や瀬戸内諸国、また山陰諸国との関連を考えなければならないが、一方で「民俗をもたらすもの」は軽々と国境を越える場合もあろう。山口県の地理的な特徴をふまえたうえで、さらに広い視点から伝承を考える必要がある。

伝承の特徴

　源平の合戦や元寇等、西国を大きく巻き込んで多くの犠牲者を出した歴史上の出来事は、もののけや妖怪たちの出現に、ある程度の影響を与えたと思われる。山野河海には他県と同様、多種多様なものたちが跋扈していたし、萩藩およびその4支藩の城下町には怪異な出来事が渦巻いていた。

　大陸や四国・九州等、海を経由して伝わったと思われる妖怪のほか、宗教の伝播や諸国からの宗教者の廻国によって伝わったと思われるものも多く、山口県の妖怪は多様性に富んでいる。

主な妖怪たち

飴女房　　高僧が「赤子塚」のような異常出生譚をもつことは多く知られているが、その類話の一つが萩市江崎の教専寺第10世住職で

Ⅲ　営みの文化編　　127

あった大巌(だいごん)和上の出生譚である。

　1791（寛政3）年、高津（島根県益田市）の庄屋宮内氏の妻が身籠もったまま亡くなったのを埋葬したところ、夜中に町の飴屋に若い女が現れ、飴を買うと消え入るように立ち去った。それからその女は毎晩飴を求めて現れるようになった。怪しんだ主人が女の後をつけると、海辺の墓地からか赤子の泣く声がする。そこは先日宮内家の妻女を葬った墓で、墓を掘りあげると棺の中で嬰児(えいじ)（後の大巌和尚）が妻の死体に抱かれていたという。

「岩邑怪談録」に登場するもののけ・妖怪

　「岩邑怪談録」は、近世の博識家として知られた岩国藩の広瀬喜尚が集めた「怪談録」（45話）に、明治になって今田純一がみずから収集した24編を増補し、横道孫七による挿絵を加えたものである（『岩国市史　史料編三近代・現代』に収載）。

　それらの怪異の主体については、「女（の霊）」19話、「動物（狐・狸・山猫等）」14話、「大坊主・小坊主」12話、「子供」8話、「首」6話、「天狗」5話などが多いが、「（怪）火」が14話、「（怪）音」が7話あることも注目される（重複を含む）。以下、特徴のあるものをあげておく。

❶**狼と山猫**　ある人が夜に石州（島根県）との境の星坂(ほしざか)峠を越えたとき、狼が道に横たわっていた。越えていこうとしたが、その人の衣の裾を咥えたまま山に入った。食われるかと思ったが、そのままにしていると、向こうを山猫が幾百となく陣列をなして通過した。狼はその人が山猫に害されるのを知って、助けてくれたのであった。

❷**おさん狐**　岩国地方に限らず、「おさん」の名をもつ狐の話は山口県周辺には数多い。ここでは、久津摩某の小物が若い女に化けたおさん狐の正体を見破って斬り殺したという話になっている。

❸**ちんちろり**　加藤某が夜更けに道祖峠を越えると、後ろから小坊主が来て「加藤殿はちんちろり」という。加藤も負けじと「そう言う者こそちんちろり」と互いに張り合い言い合って帰り、門口を閉めると、小坊主は門の屋根で「さても強い者じゃ」と言ったという。

❹**天の金網**　芥川某が夜更けに関戸峠を越えると、にわかに月の光が消えて前後左右に金の網が現れ、囲まれて動けなくなった。瞑目鎮座して目を開けると月は輝き、金網はなくなっていたという。

❺**ぬけ首**　岩国城下新小路の某氏宅で、夜中に通りに面した格子からその

家の妻が外を見ているのを見ることがあった。ある夜、主人が目覚めて妻の寝床を見ると、胴体のみあって首なく、線（糸筋）のようなものが延びていた。驚いた主人が刀を取ってそれを切ると、たちまち上の格子から妻の首が落ちてきた。抜け首は当人に自覚なく、熟睡すれば首が伸び、目覚めると縮むものであるという。

❻猫踊　普済寺の猫がある日の夕方、赤い手拭いを咥えて出たのを小僧がつけていくと、草原に猫たちが集まって踊りを踊っていた。しばらくして踊り疲れた猫たちは、「また明日の晩に踊ろう」と人のように言い合って別れたという。

❼ばたばた　文久年間（1861〜64）、岩国城下のあちこちで、夜中から未明にかけて渋紙を打つような「ばたばた」という大きな音が秋から冬にかけて聞こえた。音の正体は、ついに知れなかったという。

牛鬼

牛鬼は残忍・獰猛で、その姿は牛面鬼身とも鬼面牛身ともいうが、光市牛島の牛鬼伝承において、その姿は明確でない。天文年間（16世紀前半）に牛鬼が現れ、人々を苦しめたので、島民は島から逃げ出してしまった。折しも四国の長宗我部家の家臣で橘諸兄の末裔という藤内道信という人が、御旗信重と二人で牛島へ渡り、事情を知って牛鬼を征伐することとした。苦労の末、三輪村の弓の名手城喜兵衛らの助力を得て牛鬼を退治したという（『防長風土注進案』ほか）。愛媛県で有名な牛鬼といい登場人物の素性といい、一衣帯水である四国とのつながりを暗示していよう。

海猩々・海坊主・船幽霊

夜の海に現れ、夜明けとともに消える怪物・怪船。海には酒が大好きな海猩々というものがおり、夜半船を出せば「樽をくれえ」という物恐ろしい声が海の底から聞こえる。樽を投げ込まないと恐ろしい祟りがある。投げ込めばその樽で海猩々が船へ水をくみ入れて沈めてしまう。だから船には底を抜いた樽を積んでおく。また突如大きな船が迫ってくる。叫んでも気づかない。いよいよ衝突を観念して気がつくと四国近くまで流されていた。幽霊船の見分け方は、股の間から逆見をして、船が水面から離れて高く走っていたら幽霊船であるという。これらは『周防大島を中心としたる海の生活誌』や『周防大島民俗誌』（いずれも宮本常一）に多く載せられている。

Ⅲ　営みの文化編

『玖珂郡志』や『防長風土注進案』に登場する妖怪

江戸時代の地誌である『玖珂郡志』(『玖』)や『防長風土注進案』(『注』)に登場するもののけ・妖怪の類で、既述や「岩邑怪談録」に出るものを除いてあげておく。

❶猿猴（えんこう）　山口県域ではカッパをエンコウとよぶ。当島宰判椿西分長蔵寺（ちんぜいちょうぞうじ）は助命した猿猴の詫び手形を刷り板にして牛馬安全の祈禱札を配っていたという（『注』）。猿猴の話はこの二書の記述のほかにも数多いが、ほとんどがいわゆる河童駒引譚である。書かれたものとしては、謡曲「大河下」の、周防瀬波川（佐波川（さば））の河伯を退治した話や、「多々良姓系図注入」に載せる猿猴の詫び証文などが古い。

❷蜘淵（じょうぐも）　魔所。女郎蜘蛛が出て人を巻き取る（『玖』小瀬村（おぜ））。

❸猫マタ川　往古、猛猫を盆に島に流せと命じられた男が盆踊りの間に合わないのでこの川口に流したところ、その後海辺より猫マタが出て人を誘引するという（『玖』由宇郷（ゆう））。

❹ミサキ　八人ミサキ＝8人戦死の跡で祟りをなす（『玖』佐坂村（さざか））、七人ミサキ＝年貢催促の使者7人を殺害した五輪塔（『玖』柳井庄（やない））、七人ミサキ＝7人の侍が斬り合って死す。怪異あり（『玖』柱野村（はしらの））。ミサキの類話は県内に数多く、死霊にからめて語られる。

❺山オロビ　女の笑い声をする獣。狐に似て後ろ足が長く、2間ずつ飛行する（『玖』阿品村（あじな））。

❻竜灯　『玖』大畠浦（おおばたけ）ほか数多い。大畠浦の竜灯は大畠瀬戸に身を投げた「般若姫」の伝承にからんで語られ、姫が身を投げた瀬戸から三つの竜灯が飛ぶ。般若姫伝説の前半は、いわゆる満野長者伝説の一部である。

シイ（青・黒背）

貝原益軒（かいばらえっけん）の「大和本草」に「此獣周防及筑紫には処々にあり。（中略）夜中門戸をとづといへども、よく人家に入て、牛馬をそこなふ」とある、牛馬を害する獣。山口県でも17世紀半ばには猫や狸に似た獣として認識されていた（「延宝見聞録」ほか）が、次第に妖怪化し、19世紀半ばの『防長風土注進案』には、「牛燈」とよぶ盆の柱松行事を行わない年は、水中から「片目（シイ）」が出て牛を多く殺すという（先大津宰判深川村）。シイが牛を害するという言い方は諸伝承に共通で、徳島県の「牛打坊」の伝承に通じるものがある。

塵輪

忌宮神社（下関市）で８月に行われる「数方庭(すほうてい)」神事は、新羅から攻めてきた「塵輪(じんりん)」（妖鳥ともいう）を退治したという伝承のルーツともいえるもので、諸国の神楽などにも塵輪の演目がある。仲哀天皇みずから、討った塵輪の屍体（鬼石）を囲んで踊ったのが起源という。

このほか響灘・北浦地方（日本海沿岸）には、蒙古襲来の恐怖の記憶ともいうべき「鬼」の伝承が濃密に残っており、周防部にも、近世前期の『本朝故事因縁集』に、鬼を睨み倒した「我慢次郎」の話が残る。

双頭の鹿

岩国市から柳井市の山間部にかけて、都から来たという双頭の鹿の伝承が広範囲に広がり、周辺に多くの関連する地名伝承を残している。『玖珂郡志(くがぐんし)』（19世紀はじめ）によると以下のとおり。

朱雀天皇の頃（10世紀前半）、比叡山に２頭（双頭）の鹿が住んで多く人畜を損じた。都では梅津中将という勇士に討伐を命じた。中将はこの悪鹿を追い、山陰・山陽を経て当国（周防）玖珂の里に至った。中将がこれを射ると、悪鹿はたちまち倒れたが、中将も精力尽きてここで死んだ。悪鹿の魂は霊となってまた人を悩ませたので、二頭の鹿と中将の箙(えびら)を安置して二鹿(ふたしか)神社とした（二鹿村）。梅津中将の御骨(こつ)をまつるという「骨大明神」も瓦谷(かわらだに)村にある。

類似の悪鹿伝承は県境を越えて島根県鹿足郡にもある。吉賀町七日市の「奇鹿(くじか)神社」は、足が八つで角が八又に分かれているヤクロ鹿がこの地を荒らしたので、都から武士を招いて退治したものの、武士も死んでしまったため、悪鹿の祟りを恐れ土地の人が神社を建立したものという（「吉賀(よしが)記」ほか）。いずれも都との関係を暗示している。

髪白比丘尼・八百比丘尼

人魚の肉を食べて不老となったとされる比丘尼。若狭の話が有名だが、山口県では長門市仙崎(せんざき)と下関市角島にある。1557（弘治３）年の年号をもつ八坂神社の「仙崎静浦記」によると、842（承和９）年に大亀を助けた翁(おきな)が海神の宮に招かれ、不老の肉をもらって帰った。それを食べた翁の娘が不老となり、世に髪白比丘尼、また白比丘尼という。終年は若狭に至り、そこで死んだ。晩年、若狭で比丘尼に面会した仙崎の某がこの話を聞いたという。仙崎には、不死となった理由を人魚の生き血を飲んだことによるとするものや、比丘尼の名前を「お静」とするものなどの類話が残っており（『郷土文化ながと』24号）、18世紀前半の『防長地下上申(はつびゃく)』の瀬戸崎（仙崎）

の項には「瀬戸崎浦之儀、往古は静ヶ浦、亦ハ長門ノ浦と申し中古髪白比丘尼出生之地故、後仙崎と号し候由申伝候」という地名伝承を載せている。

角島の話も人魚の肉で娘が不老になったが角島で難船して死んでいる。祟りをなすため尼宮として祀ったという(『防長寺社由来』)。

山姥・山女

山口県の山姥(やまんば)は、石城山(いわきさん)(光市と熊毛郡田布施町にまたがる)のものが著名。石城山の8合目あたりを、約2,600mにわたり鉢巻状に取り囲んでいる「神護石(こうごいし)」の途中にある水門には山姥が住み、「里人が祭りの膳椀などを借りに来ていたが、後に借りた者が一部の器を紛失したまま返してからは、貸さぬようになった」という椀貸伝説が伴う(『防長風土注進案』塩田(しおた)村ほか)。同書には、ほかにも「山姥の穴」(小郡宰判大海(おうみ)村)、「山姥の岩屋」(舟木宰判宇内(うない)村・上の小野村)などがみえる。一方、室町時代の山口を拠点に隆盛をきわめた大内氏の館にも山女が現れた。1546(天文15)年の秋の夜、大内義隆が築山館で月見の宴を開いていると、大手の壁の上に妖しい影があった。松原という侍に撃たせてみると、山中に棲んでいた山女であったという(『趣味の山口』)。『玖珂郡志』には、山姥がかけた橋(伊陸(いかち)村)のほか、毎年正月20日に牛王内(ごおうのうち)村の足谷の奥から煙が上がるが、これは山姥が節飯を炊く煙だという話も記されている。

よい思案谷

食物連鎖と因果応報をその骨子とし、殺生を戒める正体不明の存在を主人公とする「よい思案谷」の話は全国にある。

ある猟師が関戸(せきど)村で鳥屋にこもってキジを待っていた。ふと見るとガマが飛び出てきて、鳥居の前をはっているミミズを食い去ろうとした矢先に、草むらの中から蛇が出てきて、ガマを捕らえ呑みこんだ。猟師が不思議に思っていると、こんどはキジが来て蛇を捕らえ、ついばんだ。猟師は「これはよい獲物である」と鉄砲をとり、狙い定めて撃とうとしたとき、「今、キジを殺したならば、自分もまたどんな災難にあうかわからんぞ」と悟り、鉄砲をしまい帰りかけたところで、何者とも知れない大きな声が、「よい思案、よい思案」と繰り返し叫ぶので、猟師はたいへん驚き、一足飛びに走り帰り、再びその浴に入らなかった。伝え聞いた他の人々も入らなくなり、ついに「よい思案谷」とよばれるようになった(「岩邑怪談録」)。これらの話には、仏教布教の影がさしていよう。

高校野球

山口県高校野球史

　山口県では1880年代にはすでに山口中学（現在の山口高校）で野球が行われていたという．野球部の創部は山口中学と赤間関商業（現在の下関商業）の98年が最も早く，続いて1900年に萩中学（現在の萩高校），岩国中学（現在の岩国高校），豊浦中学（現在の豊浦高校）で創部された．19年には豊浦中学が山口県勢として初めて全国大会に出場した．

　38年夏，下関商業が甲子園に出場，以後戦争で中断されるまで，6季連続して出場した．39年夏には山口県勢として初めて決勝戦に進んで準優勝するなど，同校は全国的な強豪校となった．

　戦後も下関商業が強豪校として活躍，その他の高校も含めて山口県は黄金時代を迎えることになった．

　58年夏，柳井高校が山口県勢として初優勝を達成．63年には下関商業が2年生エースの池永正明投手を擁して春夏連続出場．選抜は優勝し，夏は準優勝している．72年夏には柳井高校が14年振りに甲子園に出場して再び決勝戦に進み準優勝．74年夏には防府商業が夏の大会初出場で準優勝と，山口県勢は甲子園で大活躍した．

　75年から1県1校となり，78年に速球投手の津田恒美を擁する南陽工が春夏連続出場．選抜では初出場でベスト8まで進んだが，夏は2回戦で天理高校に0-1で敗れている．

　80年代からは宇部商業が活躍した．82年以降，昭和が終わるまでの7年間に春夏合わせて7回出場，85年夏の決勝では，桑田・清原という超高校球コンビを擁するPL学園高校を相手に互角の勝負を見せている．

　平成に入ると県内は戦国時代となり，桜ケ丘高校，光高校，西京高校，華陵高校などが次々と初出場を決める一方，防府商業や久賀高校なども甲子園に復活．しかし，86年夏以降準決勝に進んだのは2005年夏の宇部商業のみと，低迷時代を迎えている．

Ⅲ　営みの文化編

主な高校

岩国高（岩国市，県立）
春7回・夏5回出場
通算4勝12敗

　岩国藩藩学・養老館が前身で，1880年岩国中学校として創立．97年山口県尋常中学校岩国分校となり，1900年に岩国中学校として再独立．48年の学制改革で岩国高校となる．翌49年岩国第一女子高校を統合して岩国西高校と改称したが，50年岩国高校に復帰した．

　1900年創部とされる．71年選抜で甲子園に初出場．春夏合わせて8回目の2003年夏に初勝利をあげるとベスト8まで進んだ．14年には春夏連続出場．

岩国商（岩国市，県立）
春1回・夏4回出場
通算3勝5敗

　1929年町立岩国実業公民学校として創立．35年町立岩国商工学校，41年岩国市立岩国商業学校となる．49年の学制改革で岩国第二女子高校と統合して岩国東高校となる．50年には岩国工業高校と合併して岩国商工高校となるが，53年工業科を分離，岩国商業高校となった．

　36年創部．68年夏甲子園に初出場して初戦を突破．近年では2013年に春夏連続出場，選抜では初戦で履正社高を降している．

宇部鴻城高（宇部市，私立）
春3回・夏2回出場
通算3勝5敗

　1956年宇部鴻城高校として創立し，63年に創部．2003年選抜で初出場．12年夏に2度目の出場で3回戦まで進み，以後は出場を重ねている．

宇部商（宇部市，県立）
春7回・夏12回出場
通算27勝19敗，準優勝1回

　1927年市立宇部商業実践学校として創立し，35年宇部商業学校となる．44年県立に移管．48年の学制改革で宇部商業高校となり，翌49年宇部農業高校を統合して宇部農商高校と改称．53年の農商分離で再び宇部商業高校となった．

　36年創部．66年春に甲子園初出場でベスト4まで進出．この大会に出場していた玉国光男が75年に監督に就任して強豪となり，85年夏には決勝で桑田・清原のいたPL学園高校と互角の勝負を演じて準優勝．以後も甲

子園で劇的な勝負を演じたことでも知られる．近年では2005年夏にベスト4まで進んだ．

華陵高 (下松市，県立) 　春1回・夏1回出場
通算1勝2敗

1987年に創立し，翌88年に創部．2008年選抜に21世紀枠代表として初出場すると，慶応高校を完封して初戦を突破した．翌09年夏にも出場している．

西京高 (山口市，県立) 　春1回・夏1回出場
通算4勝2敗

1986年の創立と同時に軟式野球部が創部され，88年硬式に移行．97年選抜に初出場してベスト8に進出すると，夏にも出場して3回戦に進んだ．

下関国際高 (下関市，私立) 　春2回・夏2回出場
通算3勝4敗

1964年下関電子工業高校として創立．67年下関高校，93年下関国際高校と改称．

65年創部．2017年夏に甲子園初出場を果たすと，翌18年には春夏連続出場し，夏はベスト8まで進んだ．

下関商 (下関市，市立) 　春14回・夏9回出場
通算29勝22敗，優勝1回，準優勝2回

1884年赤間関商業講習所として創立．86年赤間関商業学校，1902年市立下関商業学校を経て，48年の学制改革で下関商業高校となる．

赤間関商時代の1898年に創部．1928年選抜に初出場，39年夏には準優勝するなど，強豪校として活躍．戦後も出場を重ね，63年には春夏連続して決勝に進み，選抜では優勝している．近年では2015年夏に出場．

周防大島高 (周防大島町，県立) 　春1回・夏1回出場
通算0勝2敗

1919年大島郡立実科高等女学校として創立し，22年大島高等女学校と改称．23年県立に移管し，久賀高等女学校と改称．48年の学制改革で県立久賀高校となる．2007年安下庄高に統合されて周防大島高となる．

1959年に創部し，久賀高校時代の62年選抜で初出場，初戦で春夏連覇した作新学院高に敗れた．99年夏にも出場している．

Ⅲ　営みの文化編

高川学園高（防府市，私立） 春1回・夏1回出場 通算0勝2敗

1878年曹洞宗専門学校として創立．96年曹洞宗第16中学林，1902年曹洞宗第四中学林と改称した．28年多々良中学校と改称．48年の学制改革で多々良学園高校となる．2006年高川学園高校と改称した．

1902年に創部し，29年夏の山陽大会に初参加．多々良学園高時代の84年選抜に初出場．高川学園高校に改称後，2016年夏にも出場した．

豊浦高（下関市，県立） 春2回・夏3回出場 通算1勝5敗

長府藩校・敬業館を前身として，1880年県立豊浦中学校として創立．84年山口中学校豊浦分校となるが，99年豊浦中学校として独立した．1948年の学制改革で豊浦高校となり，翌49年長府女子高と合併して下関東高校と改称．54年長府高校が分離独立して再び豊浦高校となった．

00年に創部し，19年夏に山口県勢として初めて全国大会に出場した．戦後は下関東高校時代の53年夏に甲子園出場，豊浦高校となった後も甲子園に3回出場している．

南陽工（周南市，県立） 春5回・夏3回出場 通算6勝8敗

1962年県立南陽工業高校として創立し，翌63年に創部．78年豪速球投手の津田恒美を擁して春夏連続して甲子園に出場，選抜ではベスト8まで進んだ．2000年選抜に22年振りに出場した後は出場回数を重ねている．

早鞆高（下関市，私立） 春1回・夏3回出場 通算4勝4敗，準優勝1回

1900年に創立した阿部裁縫塾が前身．12年下関阿部裁縫女学校として創立し，24年下関阿部高等技芸女学校と改称．46年早鞆高等女学校となり，48年の学制改革で早鞆高校となった．

51年に共学化して創部．64年夏甲子園に初出場すると決勝まで進んで準優勝した．近年は2012年選抜に出場している．

光高（光市，県立） 春0回・夏2回出場 通算0勝2敗

1936年創立の県立室積高等女学校と，42年創立の県立光中学校が前身．49年両校が合併して共学の県立光高校となった．

46年創部．93年夏に甲子園初出場，翌94年夏にも出場した．

防府商工 (防府市，県立) 春4回・夏2回出場
通算5勝6敗，準優勝1回

1929年防府町立商業学校として創立．42年県立に移管．48年の学制改革で県立防府商工高校となる．49年県立防府高校と統合して防府南高校となり，さらに50年には県立防府北高校と統合して県立防府高校となった．53年に商業科が分離して防府商業高校として復活．2012年機械科が設置されて防府商工高校と改称した．

1930年に創部し，38年選抜で初出場．戦後，68年選抜で30年振りに出場すると，74年夏には準優勝した．

柳井高 (柳井市，県立) 春4回・夏7回出場
通算16勝10敗，優勝1回，準優勝1回

1921年県立周東中学校として創立し，23年柳井中学校と改称．48年の学制改革で柳井高校となり，49年柳井女子高校を統合．

22年に創部し，25年夏に甲子園初出場．翌26年選抜ではベスト4まで進出した．戦後も58年夏には全国制覇，72年夏には準優勝している．

柳井商工 (柳井市，県立) 春0回・夏3回出場
通算3勝3敗

1920年柳井町立柳井商業学校として創立し，41年県立に移管．44年工業科を設置して柳井商工学校となり，48年の学制改革で柳井商工高校と改称．72年商工分離で柳井商業高校となる．2006年柳井工業と統合し，再び柳井商工に戻った．

1930年夏の山陽大会に初参加．戦後柳井商工時代の52年夏に甲子園初出場．75年夏と77年夏には柳井商業として出場，いずれも初戦を突破している．

山口鴻城高 (山口市，私立) 春0回・夏3回出場
通算1勝3敗

1889年鴻城義塾として創立．97年鴻城学校，1906年私立鴻城中学校と改称．38年山口県鴻城中学校となり，48年の学制改革で山口県鴻城高校となる．

15年に創部し，20年夏に全国大会初出場．62年夏には大分商業を降して初勝利をあげた．92年夏にも出場している．

Ⅲ　営みの文化編

◎山口県大会結果（平成以降）

	優勝校	スコア	準優勝校	ベスト4		甲子園成績
1989年	桜ケ丘高	7－1	多々良学園高	岩国商	早鞆高	3回戦
1990年	宇部商	6－5	豊浦高	桜ケ丘高	萩高	3回戦
1991年	宇部商	5－0	西京高	柳井商	小野田工	3回戦
1992年	山口鴻城高	5－2	多々良学園高	宇部商	岩国高	初戦敗退
1993年	光高	3－0	下松工	宇部商	下関商	初戦敗退
1994年	光高	1－0	下関中央工	岩国商	西京高	初戦敗退
1995年	下関商	8－6	岩国高	下関工	南陽工	3回戦
1996年	防府商	5－2	下関商	岩国高	西京高	初戦敗退
1997年	西京高	8－4	南陽工	柳井商	豊浦高	3回戦
1998年	宇部商	6－4	下関中央工	南陽工	早鞆高	2回戦
1999年	久賀高	3－2	岩国高	豊浦高	多々良学園高	初戦敗退
2000年	岩国高	3－2	宇部商	多々良学園高	岩国工	初戦敗退
2001年	宇部商	9－3	下関中央工	防府西高	防府商	初戦敗退
2002年	宇部商	12－0	岩国高	宇部鴻城高	防府商	初戦敗退
2003年	岩国高	7－4	宇部鴻城高	下関商	山口高	ベスト8
2004年	岩国高	8－3	下関工	宇部商	多々良学園高	3回戦
2005年	宇部商	7－1	柳井商	華陵高	下関中央工	ベスト4
2006年	南陽工	15－3	多々良学園高	下関商	下関工	初戦敗退
2007年	岩国高	3－2	豊浦高	下関商	西京高	初戦敗退
2008年	下関工	7－3	下関商	南陽工	宇部鴻城高	初戦敗退
2009年	華陵高	12－4	岩国商	宇部商	防府商	初戦敗退
2010年	南陽工	3－2	防府商	高川学園高	下関工	初戦敗退
2011年	柳井学園高	1－0	桜ケ丘高	下関国際高	小野田高	初戦敗退
2012年	宇部鴻城高	6－4	山口鴻城高	早鞆高	熊毛南高	3回戦
2013年	岩国商	2－1	高川学園高	早鞆高	岩国高	初戦敗退
2014年	岩国高	2－1	熊毛南高	宇部鴻城高	萩商工	初戦敗退
2015年	下関商	5－1	下関国際高	宇部商	宇部鴻城高	2回戦
2016年	高川学園高	8－2	宇部鴻城高	長門高	聖光高	初戦敗退
2017年	下関国際高	4－3	宇部鴻城高	宇部商	徳山商工	初戦敗退
2018年	下関国際高	5－0	宇部鴻城高	宇部工	早鞆高	ベスト8
2019年	宇部鴻城高	7－1	西京高	光高	南陽工	3回戦
2020年	高川学園高	6－1	桜ケ丘高	豊浦高	宇部工	（中止）

やきもの

佐野焼（雲助）

地域の歴史的な背景

　やきものの歴史をたどってみると、最も古くには土器があった。やがて、中世末の頃に釉薬掛けが見いだされて陶器を生んだ。そして、一方では、近世初頭に朝鮮半島から磁器づくりの技術が導入され、磁器の生産が始まった。現在の私たちの日常をみると、実用食器のほとんどは磁器で、茶器や花器や酒器には陶器が実用されている。経済の高度成長期（昭和40年代以降）、土器は実用から遠ざかり、土器窯はほとんど姿を消した。現在、土器・陶器・磁器を併せて俯瞰できるところはない。

　山口県においては、その窯場ごとに残された資料から、土器・陶器・磁器を連ねたやきものの通史を確かめることができる。特に、経済の高度成長期以前にまでさかのぼると、土器・陶器・磁器のいずれもが共存して焼かれていたのである。

主なやきもの

佐野焼

焙烙と火消壺　昭和30年代までは素焼の実用土器が多く存在した。土器は、もちろん吸水性があって水が漏れるし割れやすい。だが、よく焼締めてさえいれば、煮炊きするのに困るほど水は漏れないし、それほど割れることもないのである。

　佐野では、特に焙烙の製造が盛んであった。焙烙とは素焼の平たい土堝である。主に食材を炒るのに用いるが、焼き網やフライパンが普及する以前は、魚や餅などを焼くのにも焙烙が使われた。佐野では、焙烙のことをイリゴーラと呼ぶ。これは、焙烙を亀の甲羅に見立てての呼称で

Ⅲ　営みの文化編　　139

あろう。

　火消壺もよく焼かれた。直径20センチ、深さ25センチ程度の壺で、竈の脇に置いて熾火を入れ、蓋をして火を消す。蓋のないものは、少量の水を打って消した。その消し炭は、焚付けとなる。ガスや電気が普及する以前は、火消壺も消し炭も生活の必需品でもあった。

　佐野焼には、他にも、焜炉・炬燵・骨壺、さらには、野風呂・居風呂などと呼ばれる素焼の風呂桶もみられた。素焼の風呂桶などは、現代ではとても信じがたいが、文献の中にその実例がみられる。例えば、江戸後期に書かれた『筑紫紀行』にそれが図入りで出てくる。口径や深さが2尺5寸（約76センチ）、厚さが1寸（約3センチ）。鋳物の五右衛門風呂をもっと筒型にした形である。周りを壁状に土で固めることで、土器でも十分な風呂桶の役を果たしていたのだ。

　鉄器や木器や陶磁器などが普及する以前は、多種類の土器が焼かれ実用に供されていたのである。佐野焼の窯の火が消えてから半世紀、現在では土器の実用がすっかり珍しくなってしまった。

ロクロ以前の技法　焙烙づくりは、型（凹型）を用いる。まず、煎餅のように平たく伸したタタラ（粘土）を型に入れ、軽く叩いて内側を均す。焙烙の外側の面は型によって決まるので、内側だけを均せばよい。それだけで簡単な皿状のものができる。次に、端は紐状の粘土を巻いてやや厚めにつくり、最後は布でなぞって仕上げる。型を使えば、型ごと回しながら均せばよいのでロクロ（轆轤）も要らない。この型は、ロクロに相当する回転成形台ともいえよう。こうした技法は、ロクロ以前の古い成形法と考えてよいだろう。

　もう一つ、佐野では、壺づくりにもロクロを使わないで円形をつくる原初的な技法が伝えられていた。人が回る方法である。粘土を棒状に練り、それを円筒形に巻き上げる。そして、人がその周りを後ずさりに回りながら手で粘土を伸して形を整えていく。言うなれば、人間ロクロ。この技法は、今では常滑（愛知県）や大谷（徳島県）などにたどれるだけである。

玉祖神社の土鼎と盃　土鼎とは、三足の土堝。盃とは、盃に似た平たい

土器皿である。土鼎は、古墳時代の頃から出土例があるが、祭祀に密着した土器の一つであっただろう、と思われる。土鼎の出土量は、壺や碗に比べると多くはない。古代中国では、青銅器にこの形の鼎が多く、祭祀用具とみられてきた。あるいは、大陸系の祭祀の影響を受けてここに伝わったのかもしれない。

佐野に近い玉祖神社（防府市）では、確かに祭祀のときに使われてきた。これで御飯を炊いてきたのである。三足の間に小割りした焚木で火を焚き、米の周りに少しずつ水を打ちながら炊いていく。時間は掛かるが、それで御飯となるのだ。そうして、土鼎で炊かれた神飯が盃に盛られて奉献されるのである。

全国でも、ここだけにしか伝わらない土鼎の実用例である。

堀越焼・須左焼

雲助と叩きの技法　堀越焼は、天保8（1788）年に佐野焼の陶工内田善左衛門が弟子と共に開窯したのが始まり、と伝わる。堀越焼の陶器の主だったものは、水甕・下壺（便壺）・火鉢・手洗鉢・擂鉢・徳利・雲助（酒壺）・蛸壺・線香立て・花立てなどの日常雑器である。茶碗や皿などの小物類よりは荒物が得意であった。荒物とは、甕や壺など大型の陶器のこと。それらを、ここではロクロを使い、手で挽き上げてつくった。堀越の粘土はあまり細かくなく粘りも弱いため、薄手に仕上げる小物よりも荒物に適していたのである。

堀越焼の陶器の肌は、多くが赤黒くて鈍い光沢をもっている。土管などにみられる茶色といったらわかりやすかろう。美しさよりは実用第一として焼かれた陶器であった。

その中で特に興味をひくのが、甕や壺にみられる叩き目である。叩き目とは、成形の最終段階で叩いて粘土を固めたその板の跡である。堀越焼の水甕や下壺の側面をよくみると、小さな波状の窪みが連続してついている。指先で触るぐらいではわかりにくいが、光を当ててみると、さざなみのように凹凸面が確かめられる。これは、長年使って浮き出した叩き板の木目が、そのまま陶器の肌に窪みをつけているのである。

Ⅲ　営みの文化編

もう一つ注目したいのは、雲助である。口細の壺で肩口に小さな注ぎ口が付いている。単調な茶色の釉薬が掛かった製品の多い中で、雲助には美しい釉薬が流し掛けされているものが多い。光沢のある茶色の肌に白や黒の釉薬が流されていたり、鉛色と青色の釉薬が混ぜ合わされて掛けられていたりする。

　雲助は、甕に仕込んだ焼酎を取り出しておく専用容器で、場合によっては、そのままこれを傾けて碗に注いで飲むこともできる便利な容器である。戦後もしばらくまでは、周防大島から大分県の姫島や国東半島、さらに福岡方面にまで、船に積まれて大量に出荷されていた。堀越焼の中では、唯一広範囲に出回り、良い値段で売れる商品であった。

　叩き技法も雲助も、九州系の陶器の最も代表的な技法と製品である。叩き技法は、かつて朝鮮半島から九州に伝わった技術の一つと考えられており、肥前地方（佐賀県）の陶器や熊本県の小代焼、鹿児島県の苗代川焼、沖縄県の壺屋焼などにみられるものである。また、雲助は、かつては九州の窯場ではどこでも焼かれており、九州全域で使われてきた。

　その二つ共が、堀越や須佐より東や北の窯場にはみられないのである。つまり、堀越と須佐が、叩き技法とそれによる雲助の北限であった。

　そればかりではない。蹴ロクロが使われるのも、九州を中心にこの辺りまでなのだ。また、九州、特に北九州では窯場のことを皿山と呼んでいるが、その呼称も山口県ではかなり一般的である。これも、それより東や北の窯場では、通じにくい言葉となる。堀越・須佐までは、九州のやきもの文化圏といえるのである。

須佐焼の熟練した技術　須佐焼は、須佐町の唐津で焼かれた陶磁器である。須佐唐津焼ともいう。慶長年間（1596〜1615年）の後半から元和年間（1615〜24年）にかけて、朝鮮陶工の土谷六郎右衛門によって開窯された、と伝わる。その後、関ヶ原の戦いの後に移り住んだ萩藩家老の益田元祥が、萩焼の祖とされる高麗左衛門の三男坂本喜左衛門を招き、殖産興業と茶陶御用を兼ねてこれを奨励。江戸中期に盛んに焼かれるようになった。

　須佐焼の製品には、茶器もあるが、堀越焼と同様に、茶碗・鉢・徳利・

雲助・擂鉢・壺・線香立て・湯たんぽ・尿瓶など日常雑器が中心である。灰釉と黒釉を使ったものが多く、いずれも艶がある。ただ、ここには形の大きな甕や壺などがない。須佐焼の粘土は、粘りはあるが火に対してやや弱い。つまり、細工はしやすいが、高温で焼き上げようとすると形が崩れやすのである。特に、大型のものは火に当たる面積が大きいので変形しやすかった。

　中でも目をひくのが徳利である。色は、光沢のある黒褐色。光線の具合では5色にも7色にも混じった色が見える。胴が丸く張り、その上に首が長く伸びている。厚さにほとんど狂いがない。しかも、薄く粘土が引き伸ばされている。雲助も、薄手に見事に引き上げられていて、1斗も入る大きさなのに、片手で軽々と持てるぐらいに軽い。いずれも、見事な熟練の技術である。

　なお、須佐焼の窯場では、古くは、人形や置物などの細工物も焼いていた、という。

萩焼と茶陶

萩焼の歴史　萩焼は、萩市・長門市で焼かれる陶器である。その起源には諸説ある。永正年間(1504〜21年)に始まった、ともいわれる。だが、文禄・慶長の役(1592〜98年)の後の慶長9(1604)年、毛利輝元が萩へ入府後間もなく、朝鮮渡来の陶工である李勺光・李敬兄弟が帰化して松本(萩市)に良質の土を見つけて開窯した、との説の方が有力である。萩藩が創始したこの松本御用窯から、17世紀中期に深川湯元の三ノ瀬に深川御用窯が分窯。これを開いたのは、李敬の兄の孫に当たる山村平四郎光俊と伝わる。さらに、萩で三輪休雪が三輪窯を、林半六が佐伯窯を開き、新たに御用窯とされた。この頃より、萩の松本焼(松本萩)と深川焼(深川萩)との区別が生じたようである。

萩焼の製品と特色　萩焼では、茶碗・水指・鉢・徳利などさまざまな日常雑器が焼かれてきた。だが、萩焼といえば、何といっても茶陶(茶の湯に用いる陶器)が名高い。毛利氏が、よほど茶道や芸術に親しんでいたからであろうか。萩では、江戸時代を通じ、茶道の道具類をほぼ専用

に焼いていたのである。ちなみに、日本における茶道の発展は室町中期以降のこと。むろんそれ以前にも、上流階級や僧侶の間には喫茶の習慣があった。だが、今日私たちが親しんでいる茶道は、室町中期に成立して、安土桃山時代に完成をみたのである。

　茶道の発達に伴い、萩焼の茶陶が注目されるようになる。ことに、茶碗において名品と称えられるものが数多く生まれた。そして、江戸時代には、茶道の世界で楽焼（京都府）、唐津（佐賀県）と並んで高く評価され、「一楽、二萩、三唐津」といわれる地位を築いたのである。

　萩焼が茶陶として高い評価を得た要因の一つは、まずその粘土にある。萩焼の主原料には、江戸時代初期から大道土（台道土）が使われた。大道土は、現在の防府市大道付近で採れる砂礫の多い白粘土である。花崗岩の風化土で、粘りがあまりない。そして、耐火度が高く（1600度以上）、なかなか焼締まることがないため、普通の陶器と同じように1300度前後で窯を焚くと、素地の収縮が少ない半焼け状態になり、柔軟な質感を生む。素地は半焼けでも釉薬は十分に溶けて収縮している。この素地と釉薬の収縮のずれが、肌に亀裂を生むことになる。茶陶でいう貫入という現象がこれである。この貫入を通して茶が染み込み、器体の内外の色合いが変化する。これを「萩の七化」といった。使い込めば込むほど、独特の風情をかもし出すのである。

　また、素地の収縮が少なければ、ロクロ作業での箆跡や刷毛跡、指の跡などを残したままで焼き上がる。さらに、焼き上がった肌は硬く焼締まらないので、多少ザラザラした土の感触が残される。したがって、熱の伝導率は鈍い。逆に、保温性が高く、暖かい肌触りが好まれる茶陶に適しているのである。反対に、日常食器類には適さない。焼締められなければ、長時間は水気が漏らないまでも底には染み出てしまう。それに、もろい。表面が滑らかでないから、汚れが落としにくい。ということから、実用性に乏しいのである。

　大道土の他に見島土、金峯土も使われる。見島土は、日本海の離島見島で採取される鉄分の多い赤黒色土。これを配合することにより、風合いや色彩が多様になる。釉薬や化粧掛けに配合されることもある。金峯

土は、萩の東方の福栄村福井下金峯で採取される白色土。粘土の粘性を高めるためと耐火度を上げるために配合される。萩焼は、絵付などの装飾はほとんど行なわれていないが、粘土の配合と釉薬の掛けあわせによって、独特の味が生み出される。ちなみに、陶器の色は、肌色から枇杷(わ)色、褐色や灰青色、藁灰釉(わらばいゆう)による白色のものが中心である。

なお、萩焼の技術は、昭和32(1957)年に文化財保護法に基づく記録作成等の措置を構ずべき無形文化財に選択された。昭和45(1970)年には10代三輪休雪(みわきゅうせつ)、昭和58(1983)年には11代三輪休雪が、それぞれ人間国宝に認定されている。

「萩陶芸美術館」(萩市)では、萩焼の作家を代表する吉賀大眉(よしかたいび)の遺作100点余りを中心に、萩の古窯・古陶磁資料や大眉と親交のあった著名作家の作品など、多岐にわたり見ることができる。

Topics ● 北浦で焼かれた磁器

磁器が日本で焼かれるようになったのは、江戸時代のことである。鍋島藩(佐賀県)に召し抱えられた朝鮮人陶工が有田に窯を開いたのが始まりであった。本格的に焼かれるようになったのは、江戸も中期の頃のことである。以来、磁器づくりの優れた技術は、有田から瀬戸(愛知県)や美濃(岐阜県)、九谷(石川県)や清水(京都府)などに伝わり、各地に磁器の窯場が開かれていったのである。

幕末から明治にかけて、山口県下でもあちこちに磁器の新窯ができた。小月(おづき)(下関市)・郷上(ごうがみ)(山口市)・豊北町(ほうほく)(豊浦郡)・小畑(おばた)(萩市)などで、この一帯を北浦といった。小月に2窯、郷上に1窯、豊北町には数窯、小畑には4窯あったことが窯跡から確かめられている。いずれも、有田や瀬戸から職人を集めてきて始めたもので、製品は、茶碗・鉢・皿・徳利・湯呑(ゆのみ)などの日常雑器が中心であった。だが、いずこも2代から3代でつぶれ、現在に続く窯はない。

その原因は原料にあった。磁器の原料は陶器の粘土のように融通が利かない。例えば、磁器の表面の光沢白色がでるのには、1400度

Ⅲ 営みの文化編

以上で窯を焚かなければならない。やや軟質の陶石が原料ならば、これだけの高温では形が崩れやすいのだ。崩れないまでも、器の底の部分が膨張して歪む。それをおそれてやや低い温度にすると、完全な白色に発色しないで青みがかったり黄みがかった白になる。あるいは、光沢がでない。

郷上の野津窯で焼いた蕎麦猪口は、黄みがかっている。その上、底がやや膨らんで安定性がない。また、豊北町の中原窯の周辺には、円形の茶碗が歪んで楕円形になったものや光沢のない白色のものなど、不良品が多く埋もれている。有田や瀬戸などの窯場に比べると、その物原（焼き損じたものの捨て場）が大きく広いのである。磁器の窯場で、窯よりも高くて大きな物原は他ではまず見られない。

原料が悪いということは、磁器の場合、致命的な問題になる。特に、日常雑器であれば、汚れたような色では売れても安く買い叩かれる。焼き損が多ければ、それだけ窯の利益が薄くなるのである。

それでも、明治中期までは、それぞれの販路内でそれなりに品物がさばけた。少々色が悪くても歪みがあっても、陶器や漆器より実用的であったからだ。ところが、鉄道が通じるようになると、有田や瀬戸の美しくて安い商品が販路を広げてきた。それも、機械化された大量生産による均一の製品と、組織だった販売力があるので、同一市場での競争となると勝ち目はなかった。その結果、小さな窯は次々とつぶれていったのである。ただ、かつてこうした磁器を焼く窯が多くあったことは、とどめておきたい史実である。

IV

風景の文化編

地名由来

存在感の薄い「山口」という地名

　歴史愛好家にとっては、山口県でまずイメージするのはやはり「萩」であり、長州である。日本の近代をつくったそうそうたる人物群がこの萩から生まれている。それに対して、「山口」という地名は存在感が薄い。現に新幹線で行っても山口市は通らず、「新山口」駅で乗り換えねばならない。また、飛行機で行けば山口宇部空港からさらに「山口」は遠い。いったい「山口」とは何なのか。

　もともと山口県は「周防国」と「長門国」という由緒ある2つの国が統合されてできた県である。山口市は旧周防国に属している。

　山口は1360年頃、時の周防・長門・石見の守護職にあった大内弘世がここに居館を移したのが始まりだという。三方を山で囲まれた地形を京都に見立てて町づくりを行い、「西の京」とも呼ばれて繁栄した。山口では何と言っても瑠璃光寺の五重塔が有名で、何度見てもその美しさにかなう五重塔はないと私は思う。この寺は文明3年（1471）に創建され、元禄3年（1690）に現在地に移っている。中世までは明らかに山口が中心であったのである。

　ところが、近世に入って毛利家の支配下に入ると、政治の中心は萩に移ってしまう。それ以降萩藩は討幕に至るまで、外様の雄藩として名を轟かせるのだが、なぜか明治4年（1871）7月の廃藩置県では「萩藩」はなく、当然のこととして「萩県」も成立していない。山口県域では「山口県」「岩国県」「清末県」「豊浦県」のみであった。そこにはこんな歴史が隠されている。

　江戸期には山口町は萩藩の支配下にあり、当然のこととして幕末まで萩藩（長州藩）は外様の雄藩として明治に入るまで名を残すはずであった。ところが、幕末になって異変が起こった。それは萩藩を攻めようとする幕府軍に対抗するために、文久3年（1863）に、藩主毛利敬親は鴻ノ峰の東麓に新藩庁の建設を開始し、慶応2年（1866）には萩から移ったからである。

148

この時点で萩藩は名目的になくなり、政治の中心は再び山口に移ったのである。鴻ノ峰の新藩庁がそのまま山口県庁に移行することになった。

このような経緯のもとに「山口県」という県名ができたのだが、「萩」という名前を残さなかったことにはまだ疑問が残る。それは内務卿が薩摩出身の大久保利通だったことに関連しているのかもしれない。

とっておきの地名

① **下関**（しものせき）　山口県最大の人口を誇る代表的な都市として知られるが、なぜ「下」の「関」なのかと考える人は少ない。古来、この海峡は交通・軍事上の要地であり、古くは「長門関」もしくは「赤間関」「赤馬関」（あかがませき）と呼ばれていた。また江戸期元禄頃には、漢詩上「馬関」（ばかん）と表現したことから、明治期には「馬関」という呼称が広まったという。

この「下関」に対して「上関」（かみのせき）「中関」（なかのせき）が存在するというのがこの下関のミソである。「上関」はもと「竈土関」（かまどせき）と言い、今も「上関町」（かみのせきちょう）として存在する。また、「中関」は現在の防府市にあった関だという。上・中・下の順序は、言うまでもなく都から近いほうから上・中・下なのだが、結果的には「下関」だけが大きく発展し知名度も高くなっている。

『山口県郷土史　上巻』には、「長門関」という名前で「長門関は海関で船舶の通行を検査する関である。海関摂津関［須磨］と共に、王朝時代に京師守護の為に設置された逢坂・不破・鈴鹿の三関に次ぐ要関であったことは、其の罰則が比較的重く定められてあったことからもうかがわれる」と記されている。

明治22年（1889）、赤間関村を中心に6つの村が合併して「赤間関市」が誕生した。山口県最初の市制の施行であった。そして明治35年（1902）に「下関市」と改称した。

② **鋳銭司**（すぜんじ）　「鋳銭司村」はかつて吉敷郡南東部にあった村。昭和31年（1956）の合併で山口市に編入された。文字通り、古代において銭貨の鋳造所があったことを示す地名である。『続日本紀』には文武天皇2年（698）9月に「周防国（すほうのくに）が銅鉱を献じた」とあり、聖武天皇天平2年（730）3月に「周防国熊気郡（すほうのくにくまけ）にある牛嶋の西の汀（みぎわ）と、同国吉敷郡（よしきぐん）の達

IV　風景の文化編　149

理山から産出する銅を冶金精錬してみたところ、いずれも実習に堪えることがわかった。そこで周防国に命じて採鉱・冶金させ、隣りの長門(ながと)の行う鋳銭に充てさせた」とある。

この鋳銭司は平安中期まで活動を続けたと言われ、いわば古代の造幣局であり、重要な役割を果たしたと言える。

③セメント町(まち)

企業名からつけられた町名というのは全国的にみてもそう多くはないが、これはその1つ。今は山陽小野田市になっているが、旧小野田市にある「太平洋セメント」(旧小野田セメント)の企業名にちなむ。

小野田セメントの創設は明治14年(1881)5月である。創業者は山口県士族笠井順八であった。明治政府は殖産興業政策のもとに、各地に造船所、製鉄所などを中心とした洋式工場を建設したが、それに続いて紡績所、セメント工場、ガラス工場、醸造所など各種の官営工場をつくっていった。

笠井順八がセメントに注目したきっかけとして、次のような逸話が残されている。

「明治七八年頃ト思フガ山口ニ協同会社ト云フモノガ創立サレタガ其時製造ノ倉庫ヲ建ルコトニナリマシタ。石ト石ト継合セルニセメントト云フ粉ヲ練ツテ其間ニカマセル其粉ガ石ノ様ニナリ、ツマリ一枚の石モ同様ニナルト云ふコトヲ聞キ、其時ニハ誠ニ不思議ニ思ヒマシタ」

笠井は明治14年(1881)に「セメント製造会社」を設立し、明治24年(1891)に会社名を「小野田セメント製造株式会社」と改めた。この地域一帯を「セメント町」としたのは、明治40年(1907)頃だと言われる。

④壇ノ浦(だんのうら)

元暦2年(1185)3月、ここで繰り広げられた源平の戦いで平氏が敗北し、滅亡の道をたどったことで有名になった。「壇」の浦ということで、何やら「壇」に意味がありそうだというわけで、いろいろな説がある。例えば、今川貞世の「道ゆきふり」には「此うらを壇のうらといふ事は、皇后のひとの国うちたまひし御時、祈のために壇をたてさせ給ひたりけるより、かく名付けるとかや申なり」と書かれているとする(『角川日本地名大辞典 山口県』)。しかし、吉田東伍は『大日本地名辞書』で「信じ難し」と言っている。

また、神社に五百段の階があったとか、五百段の階段を下りて海に赴く行事があるとの説もあるが不詳。現地に行ってみればわかることだが、海峡をはさんで両岸が「壇」状に迫っているところから「壇ノ浦」と呼び、それに神社信仰が重なったものであろう。

⑤ 船島（ふなしま）　別名「巌流島」とも呼ばれる。「船島」は海峡の脇に船が横たわっているように見えたので「船島」と呼ばれた。慶長17年（1612）4月、この島で宮本武蔵と佐々木小次郎が決闘し、敗れた小次郎の流儀「巌流」をとって通称「巌流島」と呼ばれる。

　今も島に行くには舟でいくしかないが、上陸すると、武蔵・小次郎の決闘像や、文学碑などが建てられている。やや奥まったところに、佐々木巌流之碑がひっそりと建てられている。これは小次郎の墓ではないが、惜しくも敗北を喫した小次郎の無念さを後世に残そうと、明治43年（1910）に建てられたものである。

⑥ 向津具（むかつく）　この不思議な地名は山陰線の「人丸」駅からバスで50分くらい行ったところにある。油谷湾をはさんだ「向こう」に位置している。『和名抄』にはもともと長門国は「厚狭（あつさ）」「豊浦（とよら）」「美禰（みね）」「大津（おおつ）」「阿武（あぶ）」の5つの郡が記されている。この向津具は大津郡に属していた。この大津郡には9つの郷があったが、その1つが「向国（むかつくに）」であった。

　意味からすれば、「向こうにある国」である。その「向こう」とは、山陰線の伊上（いがみ）方面から見ての話である。

　「むかつくに」の「つ」はどういう意味か。文法的には格助詞で、体言または体言に準ずるものに付いて、連体修飾語を作るのもので、「の」に相当する。つまり、「向の国」という意味になる。この「つ」が「津」に重なった。向津具の中心は「久津（くづ）」の漁港で、古来「津」であったことは間違いない。

⑦ 杢路子（むくろじ）　こんな伝承がある。その昔、この村を通りかかった美しい女が産気づいて可愛い女の子を産んだ。村人からたいそう世話になり、感謝の気持ちから1首の歌と、持っていた木蓮で作られた杖を神社の境内に突き刺し、「この子は置いて行きますが、もしこの子が健や

Ⅳ　風景の文化編　151

かに成人することができたら、この杖がしっかり根をおろし、人々が見上げるような立派な木にしてください」と言って京に帰っていった。

翌年になると立派に芽を吹き、年を重ねるごとに大木に成長し、「むくろじ」の実をたくさんつけるようになった。そして里のあちこちに「むくろじ」の木々が生え、いつしか「杢路子」と呼ばれるようになった。

この美しい女は和泉式部、赤ん坊はその子・小式部であったという。

この伝説の真偽はともかく、「杢路子」という地名が「むくろじ」という植物名に関係してできたことは確かで、この点に注目したい。「むくろじ」という植物は「無患子」と表記し、ムクロジ科の落葉高木で、高さは10～15メートルもある。種子は黒色で固く、羽子板の球に使われる。

「杢」は「もく」と読む国字で、もとは「木工」の意味である。難読地名だが、いかにも地域の歴史を感じさせてくれる地名である。豊浦郡「豊田町（とよたちょう）」にあったが、豊田町は平成17年（2005）に下関市と合併して、現在は下関市に属している。

難読地名の由来

a.「内日」（下関市）**b.**「阿知須」（山口市）**c.**「生雲」（山口市）**d.**「吉敷」（山口市）**e.**「椿東」（萩市）**f.**「廿木」（岩国市）**g.**「土生」（岩国市）**h.**「日置」（長門市）**i.**「垰」（周南市）**j.**「嘉万」（美祢市）

【正解】
a.「うつい」（盆地であるため内に日が指すことからと言われる）**b.**「あじす」（アジガモが洲にたくさんいたことによる）**c.**「いくも」（生雲八幡宮による）**d.**「よしき」（もとは「荒城（あらき）」だったが、荒の字が開墾地としてよくないことから「吉城」「良城」になり、さらに「吉敷」となったとされる）**e.**「ちんとう」（「椿町（つばきまち）」「椿瀬（つばせ）」という町名もあり、ツバキにちなむ）**f.**「はたき」（熊野から御神体を背負ってきて、二十（廿）本のしめ縄を引いて安置したことによる）**g.**「はぶ」（「埴生」とも書き、粘土のある場所を示す）**h.**「へき」（古代日置氏が住んだことに由来する。日置氏は製鉄業に携わりながら、日読み（暦）をも司ったと言われる）**i.**「たお」（峠のことである）**j.**「かま」（別府長者が当地を開拓しようとした時、夢の中でお告げがあり、2つの鎌で切り開けと言ったという伝承がある）

商店街

道場門前商店街（山口市）

山口県の商店街の概観

　山口県内の都市を人口順（2015年）に見ると、下関市（26.9万人）、山口市（19.7万人）、宇部市（16.9万人）、周南市（14.5万人）、岩国市（13.5万人）、防府市（11.6万人）と県南部の諸都市が並ぶ。日本海側では人口最大都市萩市でも5万人に過ぎない。また、県庁所在地山口市が首位でないのも特徴的である。都市の起源を見ると、新興鉱工業都市の宇部市を除くと、中世・近世の城下町・陣屋町や港町・鳥居前町などの歴史的都市である。このうち城下町・陣屋町には、都市計画により成立した町屋が今日の中心商店街の母体となっている。大内氏の城下町であった山口市の「道場門前・米屋町商店街」は南北朝期に成立した最古の商店街と呼ばれており、周南市徳山の「銀座商店街」、岩国市の「中通り商店街」、萩市の「田町商店街」もそれに当たる。

　明治以降は鉱工業や港湾機能の発達で、新たに都市が成長し、商店街も新たに形成されていった。宇部市は宇部炭田を背景に成立したが、農村に過ぎなかった宇部村が一躍工業都市へと発展したのは、セメントや曹達工業が立地する大正期で、1921年に単独で村から市になったことで知られる。戦後の最盛期には複数のデパートも立地し、中心商店街の「宇部中央銀天街」は人であふれていた。

　周南工業整備特別地域の中核をなした周南市、下松市、光市も工業化によって商店街が形成された。周南市徳山は、陣屋町起源ながら海軍燃料廠と戦後の石油化学コンビナート建設によって商店街が発達したと言える。下松市は第1次世界大戦後に日立製作所や日本石油の立地、第2次世界大戦後は中国電力火力発電所の建設で工業都市となり、光市は戦前は海軍工廠の建設、戦後はその跡地に武田薬品や八幡製鐵（現・新日鐵住金）が立地したことで、それぞれ駅前を中心に商店街が形成された。防府市は鳥居前

【注】この項目の内容は出典刊行時（2019年）のものです

町の宮市と港町三田尻の双子都市であったが、臨海部に工場が立地したことで商業機能が拡充された。

下関市は古くから港湾機能に恵まれ、近代には関門航路や関釜航路の開設もあり、港湾・貿易都市として発達した。港湾のあった唐戸地区には中心商店街が形成されたが、関門トンネル開通と下関駅の移転で機能は低下し、現在は唐戸魚市場の立地で知られる。歴史的にも朝鮮半島との関係が密接で、韓国食材・衣料を扱う店舗や韓国料理店が集まった「グリーンモール」が特徴的な商店街となっている。

県西部は福岡県の商圏に、岩国市など東部は広島県の商圏に含まれて、高級品の購入には福岡市、北九州市小倉地区や広島市のデパート・専門店に向かうことが多い。また、若い世代は自家用車での買い物に便利な郊外立地のショッピングセンターやロードサイド型店舗で購入する傾向が強くなっている。その影響で、下関市、山口市、宇部市を除いてデパートは閉店され、中心商店街にも空き店舗が増加し、人通りも少なくなっている。そのような情勢下にあっても、萩市「田町商店街」や山口市「道場門前商店街」のように活性化の取組みの成果が認められ、「新・がんばる商店街77選」に選定されるところも現れている。

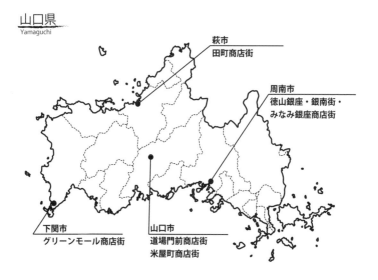

> 行ってみたい商店街

道場門前商店街、米屋町商店街（山口市）
―県都の中心商店街―

　山口市の中心商店街の名称。山口の市街は、1360年に周防・長門・石見の守護大内弘世（ひろよ）が現在の龍福寺の地に館を建て、京都に模したまちづくりをしたことに始まる。ここに定期市が立ち、最古の商店街とされる町屋が形成された。毛利氏の統治下となり、居城が萩に移された後も商業機能は衰えず、江戸時代には石州街道に沿う大市、中市、米屋町、道場門前の4町は、「大町」あるいは「四町」と呼ばれ、賑わっていた。

　JR山口駅から駅前通りを北西に約500m進むと、アーケードのある道場門前商店街と米屋町・中市・大市商店街に出る。道場門前の名称は、明治期に廃寺となった時宗道場・寿持山善福寺の門前であったことに由来している。この通りは、ザビエル（当地ではサビエル）の辻立て布教や幕末の薩長同盟が結ばれた場所でもあった。通りには老舗の専門店が立地しており、中ほどにある明治堂（1902年創業）には分銅引き大時計があり、店のシンボルとなっている。商店街には核店舗として1960年に山口サティ、1969年にダイエー山口店が開店したが、1997年にゆめタウン山口が市街地東部に開業した影響もあって、ともに1998年に閉店した。ダイエー跡地は商店街振興組合により建て替えられ、レンガ調の「どうもんパーク」となり、コープやまぐち（2001年開店）やNHK山口文化センターなどが入居している。また、組合は「特産品ショップやまぐちさん」の経営（2005年）など様々な取組みが評価され、「新・がんばる商店街77選」に選定されている。なお、アーケードは西門前商店街まで続くが、人通りは減少する。

　駅前通りから北東に進むと米屋町商店街となる。ここには呉服店、厨房用品店などの専門店や旅館のほかに、銀行やJTB山口支店など業務の店舗も立地している。近江屋寝具店から中市商店街となる。ここには山口県最初の百貨店ちまきや（1855（安政2）年創業の呉服店を起源とし、1930年に百貨店化。1981年に移転）が店舗を構えていたが、2008年の廃業後は山口井筒屋が出店し、商店街の核となっている。大市商店街に入るとアーケードもなく、人通りも減少する。

　山口市は湯田温泉や多くの観光資源に恵まれ、県庁や大学が立地するこ

ともあって、人口約20万人（2017年）の地方都市の中心商店街としては活気がある。近年、シャッターの降りた店舗も増加しているが、道場門前商店街のように約6割の店舗が新しく入れ替わり経営者も若返るなど、活性化に取り組むことで商店街の魅力を取り戻している。

徳山銀座・銀南街・みなみ銀座商店街（周南市）
―陣屋町を起源とし、海軍とともに発展した中心商店街―

山口県周南地区にある旧徳山市の中心商店街の名称。都市としての徳山は、毛利支藩3万石として当初下松にあった館を1650年に徳山へ移転して形成された陣屋町を起源とする。陣屋町の町屋は海岸付近を通る旧山陽道沿いに配置され、その長さは13町（約1.4km）に達した。明治維新後は一時寂れたが、山陽鉄道の開通、港湾の整備や、1904年に海軍練炭所（後の海軍燃料廠）の設置を契機に工業化が進んだ。戦前の商店街は徳山駅前を中心に旧国道（山陽道）沿いに形成され、橋本町、糀町、幸町、佐渡町、油屋町などに商店が軒を連ねていた。しかし、1945年の空襲で商店街も灰燼に帰し、現在の商店街は戦後の復興計画により建設されたものである。

中心商店街は、徳山駅前ロータリーの南東側に3列並行して立地している。その中心にあるのが旧佐渡町と旧幸町の合併でできた銀座商店街で、ピアモール銀座の愛称がある。戦後の復興により道路が拡幅され、現在も自動車の通行量が多い。道の両側の歩道上にはアーケードがかけられ、和装、靴、カメラなどの買回り品店やJTBなどが立地しているが、最近は、駅に近いこともあり居酒屋を中心とする飲食店が増加している。銀座商店街を東に向かうと、きらら通りの愛称がある糀町通商店街となる。かつてはアーケードもあったが、現在は撤去されている。

銀南街商店街は銀座商店街の北に並行しており、1965年に防災建築街区造成法に基づいて建築された。その中央部はアーケードのある銀南街ビルで、山口井筒屋周南ショップ（2013年開業）や呉服、時計などの専門店街となっている。アーケードのない箇所は飲食店の進出が著しい。銀南街の名称は、戦前、付近にあった無量寺に植えられていた銀杏に由来している。

みなみ銀座商店街は、駅から南東方向に銀座商店街と並行して伸びており、アーケードがある。駅に近い立地条件と石油化学コンビナートの経済的波及効果から、1962年に松下百貨店（1965年近鉄松下百貨店に改称）、1970年にダイエー、1971年にニチイが開店し、商店街の核として多くの

買い物客を集めた。しかし、1990年代になると隣接市に相次いで大型ショッピングセンターが開業したため、近鉄松下百貨店の閉店（2013年）で大型商業施設は中心商店街からすべて姿を消してしまった。現在、通りには市街地の案内所「まちのポート」や天満屋周南ショップ（2013年開業）のほか、銀行が立地している。大型店に頼らない中心市街地の活性化が模索されている。

グリーンモール商店街（下関市）
—下関駅前にある小コリアンタウンの商店街—

　下関市にある韓国料理に関わる店舗の集まった、小さいながらもコリアンタウンを形成する商店街の名称。グリーンモールの名称は、1976年に完成した竹崎−上条間の長さ600m、幅20mの買物公園道路に由来している。緩やかなカーブをなすこの商店街は、関門トンネル開通前の旧下関駅（1901年馬関駅として開業、1942年に現在地に移転）に通じた鉄道用地跡に商店街が形成されたものである。戦後、市民の娯楽場として邦楽座が建てられたことから邦楽座通りと呼ばれ、1950年に邦楽座通り商店会が結成されたのが商店街の起源である。

　JR下関駅を降り、駅前人工地盤を北に向かうと、グリーンモールの入口に出る。入口には釜山門のゲートが立っている。通りには韓国料理の食材を扱う専門店やキムチを販売する店舗が並んでいる。焼き肉やホルモン料理などを中心とする韓国レストランも多く、韓国情緒を味わうことのできる商店街となっている。毎年11月23日にはリトル釜山フェスタが開催され、多くの人で賑わう。

　市街地の大型店として、下関駅に隣接する、貨物ヤード跡を再開発してできたシーモール下関（1977年開業）がある。小倉地区への買い物客の流出を防ぐことを目的として、デパートの下関大丸（1950年創業）とスーパーマーケットのダイエーが核店舗として入店していたが、ダイエーは2010年に閉店し、その跡は複合商業施設est（エスト）となっている。

　下関市は港湾機能や水産業が発達した国際都市ではあるが、買回り品など高級品の商業機能は弱く、福岡や小倉のデパートや専門店に買い物客が流出する傾向が強い。一方、駅の東方約2kmにある唐戸魚市場は、卸売りだけでなく一般市民への小売りも行われ、市民の台所となっている。

田町商店街（萩市）
―史跡御成道が通る中心商店街―

　山口県北浦地区にある城下町萩の中心商店街の名称。都市としての萩は、1604年毛利輝元が周防・長門36万石の領主として城下町を造営したことに始まる。1863年藩庁が山口に移転されて以降、一地方中心都市の域にとどまるが、城下町のなかの商人町の一角が中心商店街である田町商店街（愛称：ジョイフルたまち）となっており、伝統的な町屋の建物が残っている。アーケードのかかる商店街の通りは、萩城下から山口を経て三田尻（現・防府市）に至る萩往還に当たり、藩主が参勤の際に通ったことから「御成道」とも呼ばれている。1989年には「歴史の道百選」の1つに選ばれている。

　萩バスセンターが最寄バス停である。商店街入口の右手に萩おみやげ博物館、左手に唐樋札場跡があり高札場が復元されている。アーケード街に入ると、人形店、時計・宝飾店、和服店など買回り品の店舗が軒を連ねているが、空き店舗も多い。岩崎酒造は店舗裏に醸造所があり、飲食店も設置している。その先にはイベントホールのジョイフルたまちがあり、これと交差する通りには古い家屋が並んでいる。アーケードの末端から西田町商店街となり、維新の志士たちの像が萩博物館前まで50体設置されている。これらは武家屋敷地区から商店街へ観光客を導く効果も期待できる。

　この田町商店街にも、核店舗として北浦地区唯一の百貨店であった八木百貨店（跡地は業務スーパー）、スーパーの丸正（現・特定非営利活動（NPO）法人萩市活動センター結）、ニチイ（現在は駐車場）が立地していたが、いずれも閉店している。現在、大型店は市役所近くにアトラス萩店（防府市の丸久資本）や萩バスセンターの向かいにサンリブ萩（地元資本）が立地しており、集客力が大きい。こうした状況にあって、田町商店街では2008年に空き店舗を改修し、地産地消のための農産物販売所「萩の台所とれたて市場たまち」および「農家レストラン＆居酒屋天蔵」を開店した。この取組みでは、地元農家の生産した農産物や近海魚の干物類販売と、地物の魚と野菜を使った飲食店を整備したことで、商店街の賑わい創出とともに、市民と観光客との交流の場となっている。こうした取組みから、「新・がんばる商店街77選」にも選定されている。

花風景

萩のナツミカン（県花）

地域の特色

　北は日本海、西は響灘・関門海峡、南は瀬戸内海に接し、三方を海で囲まれている。東には中国山地の一部が連なるが、西へ向かうにつれて高度を減じる。日本海側には海食崖や火山地形が見られる。古くは周防の国と長門の国のからなり、近世には毛利輝元が萩に城下町を築き、防長両国を治め、西境に豊浦藩（長府藩）、東境に岩国藩を置き、それぞれの城下町を発展させた。山口県は長州藩として明治維新の人材を多く輩出し、近代には工業化を推進する。瀬戸内海側と日本海側の暖温帯の気候を示す。

　花風景は、近世の名所や近代の都市公園のサクラ名所、歴史上の人物にちなむウメ、ナツミカンやハスなどのなりわいの花、日本海の暖流の影響を受けた花木群落、自然地域の海浜植物や花木などが特徴的である。

　県花は NHK などによって選ばれたミカン科ミカン属の常緑樹のナツミカン（夏蜜柑）である。白い花をつけた後に黄色い大きな果実を結ぶ柑橘類であり、甘酸っぱい香りを漂わせる。常緑の葉に黄色い果実の姿も美しい。後述の花風景でも紹介する通り、ナツミカンが南方から長門市に漂着し、その原樹が国指定史跡・天然記念物となっている。

主な花風景

吉香公園・錦帯橋のサクラ　＊春、名勝、重要文化財、日本さくら名所100選

　山口県東部の岩国市に位置する吉香公園・錦帯橋一帯は春になると約3,000本ともいわれるソメイヨシノの花に覆い尽くされ、夜桜も楽しめる。
　吉香公園は1968（昭和43）年に岩国市向山（川西4丁目）に移転した県立岩国高校の跡地に設けられた公園である。合わせて江戸時代に岩国を治めていた吉川家の居館跡（吉香神社境内）も公園化されている。県立岩国高校は、1880（明治13）年、藩校養老館の流れを受け継いで創設された旧

凡例　＊：観賞最適季節、国立・国定公園、国指定の史跡・名勝・天然記念物、日本遺産、世界遺産・ラムサール条約登録湿地、日本さくら名所100選などを示した

制岩国中学校の後身である。このエリアには岩国吉川藩々士の住宅で、当時の中級武家屋敷の意匠を今に伝える数少ない遺構として重要文化財に指定された旧目加田家住宅、85（同18）年に絵馬堂として建てられた錦雲閣（きんうんかく）などが残る。

錦帯橋は錦川（にしき）に架かる五連の木造橋で名勝である。岩国三代藩主の吉川広嘉（ひろよし）によって1674（延宝2）年に再建された錦帯橋は、各アーチの架け替えを繰り返しながら、1950（昭和25）年9月のキジア台風による洪水で流失するまでの約280年間、圧倒的な存在感を示してきた。53（同28）年、鉄筋コンクリート製での再建という意見もあるなか、木造橋として再建された。2001（平成13）年度から03（同15）年度には、老朽化した5橋全ての木造部分が架け替えられている。

常盤公園のサクラ（ときわ）
＊春、登録記念物、世界かんがい施設遺産、日本さくら名所100選

常盤公園は山口県南西部、周防灘（すおう）に面する山口県宇部市にある。江戸時代の新田開発に伴って1698（元禄11）年頃に築造工事が完了した常盤湖（池）を核とする100ヘクタールほどの公園である。春になるとソメイヨシノを中心にして、ヤエザクラ、ヤマザクラ、カンヒザクラ、カワヅザクラなど約3,500本ものサクラが咲き乱れる。

サクラは常盤公園の誕生とも深く関わる。大正時代に入ると、湖岸の別荘地などにサクラが植えられ、湖岸は美しい景勝地として知られるようになった。買い占めの話もあるなか、1924（大正13）年、宇部興産の創業者として知られる地元の実業家・渡辺祐策（わたなべすけさく）らにより、一足早く常盤池周辺の土地購入が進められた。買い上げられた土地は宇部市に寄贈され、25（同14）年、宇部市常盤公園として開設されるに至った。常盤公園は現在、緑と花と彫刻に彩られた総合公園となっており、遊園地、動物園、植物園、キャンプ場、ホール、石炭記念館など多彩な施設が集積し、さまざまなレクリエーション活動を楽しむことができる場所となっている。

宇部市では戦後復興の過程で甚大な煤塵（ばいじん）公害などを克服するために「緑化運動」や「花いっぱい運動」などの市民運動が盛んに行われた。1961（昭和36）年には日本初の試みとして、常盤公園を舞台に大規模な野外彫刻展「第1回宇部市野外彫刻展」が開催された。その試みは2年に一度開催されている野外彫刻コンクール「UBEビエンナーレ（現代日本彫刻展）」として

今も続いている。

　公園内には1969（昭和44）年に開館した宇部石炭記念館がある。地元政財界と多くの市民の寄付によって誕生した。現在も使われている展望台は東見初炭鉱（ひがしみぞめ）で長い間使われていた竪坑櫓（たてこうやぐら）を移設したものである。地上37メートル、海抜65メートルの展望台からは常盤湖や市街地の他、周防灘越しに国東半島などを望むことができる。

東行庵のウメ（とうぎょうあん）　*冬、史跡

　東行庵は山口県下関市内、JR山陽本線小月（おづき）駅から北東4キロほど離れた吉田（よしだ）の地にある。毎年、2月中旬から3月中旬には、約200本のウメが咲き、遺言によってこの地に葬られた高杉晋作（たかすぎしんさく）の墓に春を告げる。ウメは晋作が好んだ花といわれている。吉田は晋作らが創設した奇兵隊（きへいたい）の拠点が1865（慶応元）年から69（明治2）年の解散まで置かれた場所である。晋作の菩提（ぼだい）を弔（とむら）うために、愛人おうの（梅処尼（ばいしょに））が結んだ庵が東行庵であり、晋作の号である東行にちなんで名付けられた。

萩のナツミカン　*春

　山口県の北部に位置する萩城下町は、ナツミカンの開花する5月になると白い花と花の香りに包まれる。2001（平成13）年には環境省により「萩城下町の夏みかんの花」として「かおり風景100選」に選定されている。ナツミカンは山口県の県花でもある。

　1863（文久3）年に藩の拠点が萩から山口に移り、多くの武士が山口住まいとなったことで、藩に依存していた萩の経済は打撃を受け、さらに明治政府が発足すると秩禄奉還（ちつろくほうかん）などにより、萩に残された武士たちの生活は困窮していた。萩のナツミカンは、生活の糧を失った士族たちを救うため、76（明治9）年に小幡高政（おばたたかまさ）が苗木を配るなど奨励し、その後、広く栽培されるようになった。栽培には、主に空き地となった武家屋敷が利用された。白壁や塀が風を防いでくれる土地はナツミカン栽培には都合が良かった。

　ナツミカンは、その学名（*Citrus natsudaidai Hayata*）から、ナツダイダイが正式な名称とされており、ナツミカンという名称は明治中期に大阪市場に出荷する商品名として定着するようになった。

　ナツミカンの原樹は江戸時代中期に長門市青海島（おおみじま）の大日比（おおひび）で発見され、

Ⅳ　風景の文化編

1927（昭和2）年に「大日比ナツミカン原樹」として史跡・天然記念物に指定されている。一説によると萩の城下にもたらされたのは文化年間（1804～18年）の初めの頃で、萩の江向の楢崎十郎兵衛が大日比の知人から数個の実を送られ、その種を蒔いたのが始まりとされる。最初はユズの代用や観賞用として利用されていたが、幕末近い夏に収穫して食べたところ、美味しかったことから食べられるようになったという。1894（明治27）年には山口県のナツミカン生産量の90％を占め、生産量のシェアも全国でトップだった。大正時代（1912～26年）になると一時期、栽培面積は減少したものの、戦後、再び栽培面積は増大し、昭和40年代に大規模な園地開発や寒害を防ぐ貯蔵法の開発などにより生産のピークを迎えた。以後、徐々に生産が縮小していたことから、2009（平成21）年3月、萩市と商工会、観光業界などと生産者が一丸となって「萩・夏みかん再生地域協議会」が設置され、ナツミカンをはじめ、柑橘類の更なる産地形成を目指して、取り組みが進められている。

岩国市尾津町のハス　＊夏

ハス田はJR南岩国駅の東側（岩国市尾津町）に広がる。面積は約200ヘクタールである。7月から8月にかけて白やピンクの花がハス田を彩る。花は盆花としても利用されているという。地下茎の「蓮根」（「はすね」とも読む）はレンコンとして食卓を飾る。岩国でレンコンが栽培されるようになったのは今から200年以上前の江戸中期であると伝えられている。色が白く、粘り気がありながらシャキシャキとした食感が味わえる。地元では、おせち料理の他、岩国寿司（3段や5段に重ねられた押し寿司）や大平（野菜、鶏肉、シイタケなど具がたくさん入った汁気の多い煮物）などの郷土料理に用いられる。

角島のハマユウとダルマギク　＊夏・秋、北長門海岸国定公園

角島は山口県下関市の北西部、響灘に浮かぶ広さ3.8平方キロメートルの島である。豊かな自然環境に恵まれ、約90キロに及ぶ海岸線と、点在する島々を中核とする北長門海岸国定公園の興味地点の一つとなっている。

7月になると夢崎にある角島灯台の地先海岸はヒガンバナ科の常緑多年草であるハマユウの白い花が目立つようになる。ハマユウは下関市の花で

ある。また、10月中旬になるとキク科の多年草であるダルマギクが咲き始める。角島の最北端の牧崎に群生し、歩いていると随所で真ん中が黄色で周りの淡い紫色の花を目にすることができる。

2000（平成12）年に角島大橋（橋長1,780メートル）で本州とつながった。角島大橋は角島に住む人たちの「夢の架け橋」である一方で国定公園の核心地域を通過することから、鳩島を改変しないようルートから避け、また色や形から細部のデザインや工法に至るまでさまざまな知恵や工夫が取り入れられており、03（同15）年度土木学会「デザイン賞（優秀賞）」を受賞している。

笠山椿群生林のツバキ　　＊冬・春、北長門海岸国定公園

笠山は山口県北部に位置する萩市内の日本海に突き出た陸繋島である。マグマのしぶきでできたスコリア丘を持つ笠山の名前は、もともと市で商売をする女性がかぶっていた「市女笠」に形が似ていることに由来する。

北端にあたる虎ヶ崎には、約10ヘクタールの広さに約25,000本のヤブツバキが群生している。開花期間は12月上旬～3月下旬と長く、見頃を迎える2月中旬～3月下旬に、例年、「萩・椿まつり」が開催されている。群生林内には笠山の名にちなむ「笠山侘助」「笠山黒」、萩の名にちなむ「萩小町」「萩の里」などのツバキが見られる。

藩政時代、笠山は萩城の北東「鬼門」の方角に当たるため、笠山の樹木の伐採や鳥獣の捕獲が禁止されていた。そのため原生林の様相を呈し、うっそうとして木々に覆われていた。しかし、明治時代になると大木は用材として、雑木類は薪炭用として伐採された。1970（昭和45）年、ツバキの研究家として著名な渡邉武博士が、この地を訪れ、椿林として高い潜在価値を有しているとして、市長に助言したことが契機となり、萩市では椿林の環境整備などに力を注いできた。2002（平成14）年には市の天然記念物に指定されている。

また、笠山には江戸時代の石切り場の跡が残る。石は萩城下町の石垣や墓石などに用いられた。硬く風化しにくい安山石の「笠山石」は萩の町や生活には欠かせないものであった。

IV　風景の文化編

公園／庭園

国定公園秋吉台

地域の特色

　山口県は本州の西端に位置し、中国地方の西部を占める。北は日本海、西は響灘・関門海峡、南は瀬戸内海に接し、三方を海で囲まれている。西へ向かうにつれて地形は高度を減じ、長門丘陵の内陸にはわが国最大の石灰岩台地のカルスト地形秋吉台がある。古くは周防の国と長門の国からなり、中世は大内氏、近世は毛利氏によって統治され、地域的統一性を維持し続けてきた。守護大名の大内氏は海外貿易も行い繁栄をきわめた。

　現山口市にあたる中心部は京都を模した町で「西の都」と呼ばれ、大内氏は文化人のパトロンとして、連歌師や絵師などを招いた。貿易都市であったこともあり、キリスト教イエズス会のザビエルも山口を布教の拠点にした。近世には外様大名の毛利輝元が萩に城下町を築き、防長両国を治め、西境に豊浦藩（長府藩）、東境に岩国藩を置き、それぞれの城下町を発展させた。

　幕末には長州藩として、四国連合艦隊下関砲撃、蛤御門の変、幕府長州征伐と辛酸をなめるが、近代黎明期の立役者となり、薩長土肥4藩（現鹿児島・山口・高知・佐賀県）による明治維新をなしとげる。特に萩の松下村塾は高杉晋作、伊藤博文らの明治維新の人材を多く輩出した。萩は松下村塾や城下町、反射炉、造船所跡などが2015（平成27）年に福岡・長崎県などの構成資産とともに世界文化遺産「明治日本の産業革命遺産」になった。県は関門海峡でつながる北九州圏との関係が深い。

　自然公園はカルスト地形などが主で、都市公園は実業家にちなむもの、庭園は大内氏ゆかりのものが特徴的である。

主な公園・庭園

自 秋吉台国定公園秋吉台　＊特別天然記念物

　秋吉台は古生代のサンゴ礁からなる石灰岩によって生みだされたわが国

最大のカルスト台地である。石灰岩は溶食しやすいことから、地表にはカレンという石灰岩柱やこれが連なるカレンフェルト、また、ドリーネという窪地を形成し、さらに、地下には鍾乳洞をつくり、溶けた石灰岩が上から垂れさがる鍾乳石、下から積みかさなる石筍、鍾乳石と石筍がつながった石柱などを生みだす。秋吉台はドリーネの多い起伏のある草原に白いカレンやカレンフェルトが無数に立ち、地下には鍾乳洞が発達している。

目 長門峡県立自然公園長門峡　＊名勝

長門峡は日本海に臨む萩市に流れる阿武川上流の断崖、奇岩、急流、瀑布などからなる峡谷で、明治末に英国人教師のエドワード・ガントレットが賞賛し、「長門耶馬溪」として広まった。長門峡の命名は、萩で生まれ、明治大正時代に官僚・日本画家として活躍した高島北海である。また、現山口市出身の大正昭和時代の夭折の詩人中原中也も長門峡を絶賛し、詩碑が立てられている。

都 常盤公園　＊登録記念物、日本の都市公園100選

山口県宇部市は県南西部、周防灘に面する港町である。ここに、常盤湖という県内最大の湖があり、その湖岸には100haにもおよぶ常盤公園が存在する。もともとこの湖は江戸時代、新田開発を目的につくられた。時代は下り大正時代、湖岸は美しい景勝地として別荘が建ち並んだが、地元の実業家渡辺祐策らによって土地購入が図られ、買い上げられた土地は市に寄贈されたことによって、1925（大正14）年、宇部市常盤公園が誕生したのである。現在この総合公園には、多くの魅力的な施設が集積している。遊園地、動物園、キャンプ場、植物園、ホール、記念館、周遊園路、ミュージアム等々、驚くほど多彩なレクリエーションが楽しめる。

もともと、宇部は炭鉱の街であった。先にふれた渡辺祐策も宇部興産を興した炭鉱主である。しかし渡辺は、その利益を文化都市宇部の実現に向けた各種事業に投資し、宇部の発展と常盤公園開設に寄与した。この文化都市の実現という志は、戦後も宇部の人々によって継承されていく。常盤公園では、50年以上の歴史をもつ野外彫刻コンクール「UBEビエンナーレ（現代日本彫刻展）」が2年に一度開催されている。園内各所には、コンクール受賞作品など約100点のアートが散在し、水と緑と花々にアクセントを

加えている。こうした文化活動は、「アートによるまちづくり発祥の地」である宇部人の真骨頂であろう。炭鉱の町としてスタートした近代の歴史は、宇部に経済発展をもたらすと同時に、煤塵被害を余儀なくさせた。戦後その克服をめざし、市民による「緑化運動」「花いっぱい運動」が「宇部を彫刻で飾る運動」へと広がり、ビエンナーレへといたったのである。近代初頭、渡辺らもまた、炭鉱の権益を共同管理し、収益をまちづくりに使うための団体を設立したという。この場所を軸に、宇部の人々の文化への思いとまちづくりが脈々と受け継がれている。

都 指月公園　＊史跡、天然記念物、日本の歴史公園100選

　萩市は山口県の西北、日本海に面した天然の要害である。関ヶ原の戦いにおいて西軍総大将の立場で敗れた毛利輝元は、周防・長門の2国に減封され、広島城に代わる新たな居城として萩城を築いた。城は、海に突き出た三角州の先端、標高143mの指月山の山麓（本丸・二の丸・三の丸）と山頂（詰丸）からなり、別名指月城と呼ばれた。この城もまた、明治の廃城令により、堀と石垣のみを残して取り壊され、堀に浮かぶ指月山の姿は往時をしのばせる。この城址が「公園」となったのは1877（明治10）年であり、当初は「志都岐公園」と称されていた。1910（明治43）年に、山口県から萩市に移管され、以後「指月公園」として管理、整備されるようになった。園内には天守跡、花江茶亭、梨羽家茶室、旧福原家書院、万歳橋、東園などの旧跡がある。指月山には樹齢600年を超える巨樹も多く、豊かな生態系を保有しており、全山が国の天然記念物に指定されている。また、この地も多くの城址公園と同じく、春は桜の名所として賑わい、園内には約500本のソメイヨシノと1本のミドリヨシノが存在する。ミドリヨシノは、日本では萩でしか見ることのできない貴重な桜で、山口県指定天然記念物となっており、めずらしい純白色の花びらをもつ。

都 吉香公園　＊重要文化財、日本の歴史公園100選

　山口県岩国市は県東部、広島との県境近くの城下町である。この地を治めた吉川家の居館跡地には、1880（明治13）年から旧制岩国中学ならびに県立岩国高校が置かれていた。1968（昭和43）年、高校の移転に伴いこの地を公園として整備開放したのが吉香公園である。園内には、旧目加田家

住宅、錦雲閣など江戸期をしのばせる建物が点在し、1916（大正5）年に建てられた旧制岩国中学の武道場は、現在岩国高校記念館となっている。この公園の魅力は、何といっても四季折々の色合いである。初春には梅が、爛漫の頃には桜が、続いて新緑が、またバラの香りが、訪れる人々に季節の移ろいを感じさせている。

庭 常栄寺庭園　＊史跡、名勝

　山口市宮野下にある常栄寺の歴史は、かなり複雑だ。室町時代には現在の場所に妙喜寺が建てられていて、江戸期に興国寺と改称したという。一方、毛利氏は周防、長門（現山口県）に移封させられたことから、領内の寺院も移転させて、国清寺という寺を常栄寺と改称している。常栄寺は1863（文久3）年に、再び名称を潮音寺に改めると同時に、現在地にあった興国寺（旧妙喜寺）内に移ったが、潮音寺だけが残って、88（明治21）年に寺名を再び常栄寺に変えている。

　現在も残る庭園は大内政弘が、滞在していた画僧雪舟（1420～1506）に命じてつくらせたという伝承があるので、妙喜寺の時期のものになる。方丈の裏に園池がある庭園がつくられているのだが、建物から少し離れた所には、枯山水の石組が置かれている。形が悪い石は植栽で隠すというのが作庭の常識なのだが、富士山型の石は最近横のサツキが取り去られたために、片側が割れたありふれた石に変わってしまった。

　枯山水を園池とは別に設けているのは、島根の万福寺庭園と同じ形態なので、おそらく同時代の作庭なのだろう。この枯山水の後ろに、大規模な園池が設けられている。園池には中島があり、突き出した出島が設けられているのは、鹿苑寺（金閣寺）の園池に類似している。

　東北隅に滝組が設けられているが、奥行きが長い形状は天龍寺の滝組に似ている。方丈から滝組が見えないのは、西側に滝を眺めるための建物が存在していたことを暗示している。おそらく2階建ての建物が金閣のように、池の岸近くに建っていたのだろう。雪舟がつくったかどうかは判断が難しいが、鹿苑寺と天龍寺を見た人間がこの庭園をつくったことは間違いないだろう。

Ⅳ　風景の文化編

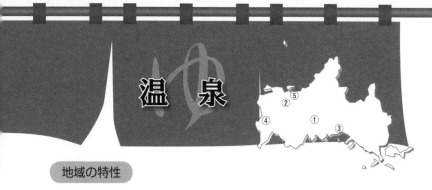

地域の特性

　山口県は、本州の最西端に位置する県であり、山陽、山陰、九州の接点でもあることから、交通の要所として発展した。幕末における萩藩の平安古地区と堀内地区には武家屋敷や土蔵が建ち並び、高杉晋作や木戸孝允などの旧宅もあって、国の重要伝統的建造物群保存地区に指定されて残されている。その他、山口県といえば、カルスト地形の秋吉台、秋芳洞、青海島や日本最古の防府天満宮、壇ノ浦で沈んだ安徳天皇の霊を祀る赤間神社、錦帯橋などの自然、文化財や史跡が多い。

◆旧国名：周防、長門　県花：ナツミカンノハナ　県鳥：ナベヅル

温泉地の特色

　県内には宿泊施設のある温泉地が55カ所あり、源泉総数は約400カ所で、25℃未満の低温泉が大半を占める。湧出量は毎分2万5,000ℓで全国30位である。年間延べ宿泊客数は185万人を数え、全国で23位にランクされる。源泉の温度は25未満が多く、非火山帯にある温泉地の特徴を示している。俵山と三丘の2地区が国民保養温泉地に指定されており、俵山は湯治や保養の客が多い温泉地、三丘は八代から鶴が飛来する温泉地として知られる。

主な温泉地

①湯田　44万人、52位
単純温泉

　県中央部、山口市内にある山陽随一の温泉地であり、また年間延べ宿泊客数は44万人を数えていて全国42位にランクされるほどである。アルカリ性の単純温泉が毎分3,300ℓも湧いており、泉温は高温から低温までほぼ均等に分布している。有力旅館では露天風呂を中心に10カ所もの温泉浴場が設けられているほどである。湯田温泉は500年ほど前の室町時代に、

寺の和尚が傷ついた白狐が境内の池で湯浴みをしているのをみて温泉を発見し、仏堂を建てて薬師如来を祀ったといわれ、これが白狐の湯となった。源泉は非火山地域であるが活断層に貫入した70℃を超える高温泉もあり、湯田温泉発展の一要因をなしている。温泉舎では温泉の流れる様子が観察でき、中原中也記念館、国宝瑠璃光寺五重塔、秋の紅葉が美しいパークロードなど市内各地に観光対象が分布している。

交通：JR山口線湯田温泉駅

② 俵山(たわらやま)　国民保養温泉地
　　　　　　単純温泉

　県北西部、長門市にある療養温泉地として知られ、木屋川上流の正川の浅い谷間に集落が形成されている。伝説では、916（延喜16）年に薬師如来の化身である白猿が発見したという。1688（貞享5）年、萩藩主が入湯する御茶屋が建設され、湯治場としての名声が高まった。1727（享保12）年には、1カ所の源泉を中心に22軒の宿があったという。1810（文化7）年には川湯（河原湯）が開かれ、2カ所の共同浴場と農業兼業の28軒の湯宿があった。各宿が1株ずつ湯株を所有し、この28軒が温泉地の経営を独占してきた。

　その後、旅館が増加したのは1955（昭和30）年の国民保養温泉地の指定以後である。1978（昭和53）年には旅館は44軒を数え、収容人員は1,660人となった。2004（平成16）年、旅館業者で構成する俵山温泉合名会社の外湯施設「白猿の湯」がオープンした。従来の湯治場には似合わない近代的な温泉施設であるが、新しい湯治場のあり方として注目されている。

交通：JR山陰本線長門市駅、バス40分

③ 三丘(みつお)　国民保養温泉地
　　　　　硫黄泉

　県東南部、島田川沿いの県立自然公園内にある温泉地で、1961（昭和36）年に国民保養温泉地に指定された。1955（昭和30）年、田園地帯で鶴が傷を癒していたことから温泉が発見され、ボーリングの結果、温泉が湧出したという。三丘温泉のある周南市は特別天然記念物の八代の鶴の渡来地としても知られている。市内の黒岩峡は、散策に格好の地であり、冬季を除いて家族連れで賑わう。

交通：JR山陽本線徳山駅、バス40分

④川棚(かわたな)　塩化物泉

　県中西端、響灘に面する歴史のある温泉地であり、1182（寿永2）年にはすでに温泉があったと伝えられる。下関から北へ25kmほどの鬼ヶ城の山麓に開けており、旅館やホテルが軒を連ねている。江戸時代には長州藩の御前湯であり、3代藩主の毛利綱元が病の治療で温泉に浸かったところ、回復したので薬師院を建立し、御殿湯や御茶屋を設けた。以後、川棚温泉は殿様の湯として保護されるとともに、浴槽も身分によって区分された。

　明治以降では、俳人の種田山頭火やフランス人ピアニストのコルトーも、川棚の風景に魅せられて地元民との交流を深めた。川棚温泉では毎年4月初旬の土・日に、800年の歴史を有する「川棚温泉まつり舞龍祭」が行われる。地震で死んだ沼の主の青龍の霊を慰めるために神前で太鼓を打ち鳴らしたところ、青龍の住んでいた場所から温泉が湧き出たそうで、これが川棚温泉の始まりと伝えられている。

交通：JR山陰本線川棚温泉駅、バス5分

⑤湯本(ゆもと)　単純温泉

　県中北部、長門市の音信川(おとずれ)の両岸に旅館が並び、落ち着いた環境を保っている温泉地である。この温泉は室町時代の1427（応永34）年、大寧寺の定庵禅師が座禅の最中に住吉大明神のお告げで発見されたと伝えられ、史実に残っている山口県の温泉地で最も古い歴史を有する。江戸時代には藩主が湯治でたびたび訪れたが、武士階級や僧侶が入浴する「礼湯」と一般の庶民が使う「恩湯」に区分されていた。温泉街を音信川が流れ、初夏にはカジカ蛙が鳴き、源氏ボタルが舞う情緒豊かな温泉場を形成している。

交通：JR美祢線長門湯本駅

執筆者 / 出典一覧

※参考参照文献は紙面の都合上割愛しましたので各出典をご覧ください

I 歴史の文化編

【遺　　跡】	石神裕之　（京都芸術大学歴史遺産学科教授）『47都道府県・遺跡百科』(2018)
【国宝/重要文化財】	森本和男　（歴史家）『47都道府県・国宝/重要文化財百科』(2018)
【城　　郭】	西ヶ谷恭弘　（日本城郭史学会代表）『47都道府県・城郭百科』(2022)
【戦国大名】	森岡浩　（姓氏研究家）『47都道府県・戦国大名百科』(2023)
【名門/名家】	森岡浩　（姓氏研究家）『47都道府県・名門/名家百科』(2020)
【博 物 館】	草刈清人　（ミュージアム・フリーター）・可児光生　（美濃加茂市民ミュージアム館長）・坂本昇　（伊丹市昆虫館館長）・髙田浩二　（元海の中道海洋生態科学館館長）『47都道府県・博物館百科』(2022)
【名　　字】	森岡浩　（姓氏研究家）『47都道府県・名字百科』(2019)

II 食の文化編

【米/雑穀】	井上繁　（日本経済新聞社社友）『47都道府県・米/雑穀百科』(2017)
【こなもの】	成瀬宇平　（鎌倉女子大学名誉教授）『47都道府県・こなもの食文化百科』(2012)
【くだもの】	井上繁　（日本経済新聞社社友）『47都道府県・くだもの百科』(2017)
【魚　　食】	成瀬宇平　（鎌倉女子大学名誉教授）『47都道府県・魚食文化百科』(2011)
【肉　　食】	成瀬宇平　（鎌倉女子大学名誉教授）・横山次郎　（日本農産工業株式会社）『47都道府県・肉食文化百科』(2015)
【地　　鶏】	成瀬宇平　（鎌倉女子大学名誉教授）・横山次郎　（日本農産工業株式会社）『47都道府県・地鶏百科』(2014)
【汁　　物】	野﨑洋光　（元「分とく山」総料理長）・成瀬宇平　（鎌倉女子大学名誉教授）『47都道府県・汁物百科』(2015)
【伝統調味料】	成瀬宇平　（鎌倉女子大学名誉教授）『47都道府県・伝統調味料百科』(2013)
【発　　酵】	北本勝ひこ　（日本薬科大学特任教授）『47都道府県・発酵文化百科』(2021)

| 【和菓子／郷土菓子】 | 亀井千歩子　（日本地域文化研究所代表）『47都道府県・和菓子／郷土菓子百科』(2016) |
| 【乾物／干物】 | 星名桂治　（日本かんぶつ協会シニアアドバイザー）『47都道府県・乾物／干物百科』(2017) |

Ⅲ　営みの文化編

【伝統行事】	神崎宣武　（民俗学者）『47都道府県・伝統行事百科』(2012)
【寺社信仰】	中山和久　（人間総合科学大学人間科学部教授）『47都道府県・寺社信仰百科』(2017)
【伝統工芸】	関根由子・指田京子・佐々木千雅子　（和くらし・くらぶ）『47都道府県・伝統工芸百科』(2021)
【民　話】	湯川洋史　（福井県立若狭歴史博物館学芸員）／花部英雄・小堀光夫編『47都道府県・民話百科』(2019)
【妖怪伝承】	金谷匡人　（放送大学客員教員）／飯倉義之・香川雅信編、常光　徹・小松和彦監修『47都道府県・妖怪伝承百科』(2017)イラスト©東雲騎人
【高校野球】	森岡　浩　（姓氏研究家）『47都道府県・高校野球百科』(2021)
【やきもの】	神崎宣武　（民俗学者）『47都道府県・やきもの百科』(2021)

Ⅳ　風景の文化編

【地名由来】	谷川彰英　（筑波大学名誉教授）『47都道府県・地名由来百科』(2015)
【商店街】	河合保生　（ノートルダム清心女子大学文学部教授）／正木久仁・杉山伸一編著『47都道府県・商店街百科』(2019)
【花風景】	西田正憲　（奈良県立大学名誉教授）『47都道府県・花風景百科』(2019)
【公園／庭園】	西田正憲　（奈良県立大学名誉教授）・飛田範夫　（庭園史研究家）・井原　縁　（奈良県立大学地域創造学部教授）・黒田乃生　（筑波大学芸術系教授）『47都道府県・公園／庭園百科』(2017)
【温　泉】	山村順次　（元城西国際大学観光学部教授）『47都道府県・温泉百科』(2015)

索　　引

あ 行

相島スイカ作りオーナー 65
藍場川 55
青景氏 29
赤崎神社 114
あかつけ団子 98
赤間神社の先帝祭 107
赤間硯 118
アカマツ 4
阿川(名字) 47
秋吉台 4, 164
秋吉台高原牛 72
秋吉台の山焼き 57
阿座上(あざかみ／名字) 48
小豆 55
馬酔(あせび／名字) 48
アナゴの料理 67
あなご飯 67
油焼き 69
阿弥陀寺 112
飴女房 127
アユの魚田 69
アユ料理 69
阿わ雪 78, 98
あんこずし 56
阿武(あんの／名字) 47
いが餅 99
いぎの葉だんご 59
磯部氏 33
イチゴ 64
イチジク 64
一ノ瀬城 23
伊藤家 33
いとこ煮 75
稲穂祭り 57
伊予カン 62
伊予柑寿司 65
祝島ひじき 102
石城山神籠石 23
岩国錦帯橋 4
岩国高 134
岩国市 3
岩国市尾津町のハス 162
岩国市ミクロ生物館 40

岩国城 23
岩国商(高) 134
岩国ずし 56, 67, 93
岩国茶がゆ 56
岩田遺跡 13
岩邑怪談録 128
外郎(ういろう) 60, 99
宇佐川(名字) 47
うに茶漬け 68
ウニの炊き込みご飯 68
ウニの瓶詰め 68
ウニ料理 68
宇部鴻城高 134
宇部市 3
宇部商(高) 134
海猩々・海坊主・船幽霊 129
ウメ 64, 161
うるち米 53
雲助と叩きの技法 141
えごま油 89
猿猴 130
大内氏 5, 29, 32, 46
大内氏館跡 15
大内塗 118
大内義隆 7
狼と山猫 128
大島いりこ 102
大平 84
送りだんご 59
おさん狐 128
お田植祭 57
おばいけ 69, 75, 93
お盆の「冷やし団子」 99

か 行

香川家 33
カキ 64
笠山椿群生林のツバキ 163
かすてらせんべい 78
勝山城 24
角島産天然わかめ 102
金子みすゞ記念館 39
上関城 25

亀の甲せんべい 60, 78, 100
亀山八幡宮 甘酒祭 94
からずし 67
華陵高 135
川棚 170
瓦そば 5, 103
かんきつ公園 65
寒漬け 90, 93
寒干し大根 102
巌流島 5
甘露醤油 88
甘露醤油資料館 94
キウイ 63
菊屋家 33
扣穀(きこく／名字) 48
北浦海鮮汁 69
北浦産天草 102
吉吾ばなし 124
吉川家 34
吉川広家 7
吉香公園・錦帯橋のサクラ 159
吉香公園 166
肝焼き 78
きぬむすめ 53
金魚(名字) 48
金魚ちょうちん 120
金太郎 103
禁門の変 8
『玖珂郡志』 130
櫛崎城 25
鯨肉入りまぜご飯 75
くじら飯 75
クジラ料理 69
国司家 34
国森家 34
熊谷家 35
蜘淵 130
クリ 61
グリーンモール商店街 157
鶏卵せんべい 78, 99
剣先するめ 103
遣唐使船 6
見蘭牛 73
向岸寺 114

173

高原豚の料理	74	田中絹代ぶんか館	41	ソース	89
黄帝社	113	下関市立歴史博物館	41	そば	55
兄部家	35	周南市	3	そば切り	60
古今和歌集	18	周南市のコンビナート	2	そば雑煮	60
コシヒカリ	53	常栄寺庭園	167	そばたま汁	84
五舛目（ごしょうめ／名字）		醸造用米	54	そばだんご	59
	48	焼酎	93		
厚東（ことう／名字）	47	正八幡宮	20	**た　行**	
小麦	54	醤油	82, 87, 92	大根汁	84
米たまご	79	食塩	82, 89	大したジャム蜜柑	65
米屋町商店街	155	食用油	89	大豆	55
さ　行		白石家	35	大徳寺松風	99
西京高	135	白鳥古墳	14	タイの麹煮	68
最進の塩	89	シロウオ料理	68, 93	大理石加工品	120
西都の雫	54	白焼き蒲鉾	68	タイ料理	68
坂家	35	新宮神社	111	高川学園高	136
サクラ	159, 160	晋作もち（風流亭）	97	高森牛	73
目（さっか／名字）	48	ジンジャーソース	89	たこ飯	69
薩長同盟	8	糀秕味噌	93	玉祖神社の土鼎と盆	140
佐野焼	139	塵輪	131	田町商店街	158
三角餅	60	スイカ	63	タマネギ汁	84
参勤交代	8	須恵器	6	玉祖神社の占手相撲	108
三年寝太郎	122	陶氏	29	ダルマギク	162
三分一（名字）	47	陶晴賢	7	俵山	169
酸味料	89	末益（名字）	47	壇ノ浦	5, 150
シイ（青・黒害）	130	周防	6	ちしゃなます	93
四王寺山城	25	周防大島	2	ちしゃの酢味噌和え	90
鹿肉のステーキ	76	周防大島高	135	茶陶	143
鹿野高原豚	74	周防大島文化センター（宮本常一記念館）	43	茶碗蒸しの刺身	68
四季山水図	19	周防国衙跡	14	長州赤どり	74, 79
敷山城	26	周防南部・端午の節供の「ほてんど餅」	98	長州黒かしわ	79
四熊（名字）	47	周防鋳銭司跡	15	長州どり	74, 79
シシ鍋	76	杉氏	30	長州藩銭座衆	16
治承・寿永の乱	7	椙杜氏	30	長門峡県立自然公園長門峡	165
地蔵堂遺跡	13	須左焼	141	ちんちろり	128
舌鼓	60, 99	鋳銭司	149	月で拾った卵	78
指月公園	166	炭火焼き	75	二十八（つちや／名字）	49
ジビエ料理	75	住吉神社本殿	19	角島のハマユウとダルマギク	162
志ほみ羹	99	皇牛	72	ツバキ	163
紙本墨画淡彩四季山水図 雪舟筆	4	スモモ	64	鉄宝塔	18
		すり流し汁	69	天の金網	128
清水家	35	すりながし汁	84	土井ヶ浜遺跡	13
下関	149	ずんべい	69	土井ヶ浜遺跡・人類学ミュージアム	42
下関・維新の志士と菓子	39	関ヶ原の戦い	7	問田氏	30
しものせき海響館		せとがい飯	69	東行庵のウメ	161
下関港	9	セトミ	62	道場門前商店街	155
下関国際高	135	セメント町	150	豆子郎	99
下関市	3	洗湯（名字）	48	塔ノ尾古墳	14
下関商（高）	135	双頭の鹿	131		
下関市立近代先人顕彰館／					

常盤湖	55	萩博物館	39	焙烙と火消壺	139
常盤公園	165	萩焼	117, 143	星野哲郎記念館	43
常盤公園のサクラ	160	白鶴錦	54	ほてんど餅	98
ときわ動物園	40	ハス	162	堀越焼	141
徳山銀座・銀南街・みなみ銀座商店街	156	はだか麦	54		
		ばたばた	129	**ま 行**	
豊浦高	136	髪白比丘尼・八百比丘尼	131	まぁだまだわからん	123
豊田ホタルの里ミュージアム	40	浜焼きだい	68	益田家	36
花表(とりい/名字)	49	ハマユウ	162	ミカン	62
鶏飯	75	早鞆高	136	みかん鍋	64
		晴るる	53	みかんのスープ	65
な 行		半夏生の泥落しの「あかつけ団子」	98	右田氏	31
内藤氏	31	藩閥政治	9	深坂ため池	56
長沢ため池	56	般若姫物語	125	ミサキ	130
長門	6	東神明宮	111	見島牛	71
長門山間部・雛節供の「生まんじゅう」	98	光高	136	見島鬼揚子	119
長門のやきとり	77	ひとめぼれ	53	味噌	82, 87, 92
ナガトユズキチ	62	ヒノヒカリ	53	光井(名字)	48
長門ゆずきち	89	冷やしだんご(団子)	59, 99	光井氏	31
中原中也記念館	42	白狐の湯	125	三丘	169
ナシ	63	ビール	93	美祢市立秋吉台科学博物館	41
夏みかん(ナツミカン)	4, 61, 96, 161	ビワ	63	耳なし芳一	123
夏蜜柑丸漬	96	びわ茶	102	ミヤタマモチ	54
ナベヅル(鍋鶴)	80	撫育方	8	宮本常一記念館	43
生ウニ	68	ふき味噌	88	三輪家	36
なまこにまけた鯨	124	フグ	5	無角和牛	72
生まんじゅう	59, 98	ふく魚醬	93	向津具	151
奈良定(名字)	49	フク雑炊	56	杢路子	151
南原寺	113	ふくちり	84, 85	無敵(名字)	49
南陽工(高)	136	福原家	36	毛利家	36, 37
仁保氏	31	河豚ひれ	103	毛利氏	46
二条大麦	54	ふく料理	68	毛利輝元	7
日本酒	92	蓋井八幡宮	115	毛利の殿様	97
日本ナシ	63	ブドウ	64	毛利博物館	41
ぬけ首	128	船島	151	もち米	54
猫踊	129	古熊神社 山口天神祭	94	もぶりだんご	59
猫マタ川	130	ブルーベリー	64	桃	64
寝太郎堰	55	平太郎	103		
野田神社	112	べらの酢漬け	68	**や 行**	
		ベラ料理	68	焼き梅干しとごまのご飯	65
は 行		宝迫(ほうさこ/名字)	49	薬師堂	111, 113
萩・維新の里の夏みかん菓子	95	防長三白	8	柳井高	137
萩市	3	『防長風土注進案』	130	柳井商工(高)	137
萩城	26	防長和牛	72	山オロビ	130
茨城下町	5	防府市	3	山口県立山口博物館	38
萩乃薫	96	防府市山頭火ふるさと館	42	山口高原豚	74
萩のナツミカン	161	防府商工(高)	137	山口鴻城高	137
		防府天満宮御神幸祭(裸坊祭)	107	山口市	2
				山口城	27
				山口大学工学部応用化学科	

索　引　175

	94	
山口大学大学院創成科学研究科農学系専攻／化学系専攻	94	
山口大学農学部生物機能科学科	94	
山口ワカメ汁	84	
山崎八幡宮本山神事	57	
山代の馬鹿話	126	

山姥・山女	132	
ゆずきち豆腐ゼリー	65	
湯田	168	
湯本	170	
よい思案谷	132	

ら 行

竜灯	130
龍文寺	112

リンゴ	62
瑠璃光寺五重塔	3, 19
蓮根パウダー	101

わ 行

ワイン	93
若山城	27
笑い講	57, 109

47都道府県ご当地文化百科・山口県

令和6年10月30日　発　行

編　者　丸　善　出　版

発行者　池　田　和　博

発行所　丸善出版株式会社
〒101-0051 東京都千代田区神田神保町二丁目17番
編集：電話 (03) 3512-3264／FAX (03) 3512-3272
営業：電話 (03) 3512-3256／FAX (03) 3512-3270
https://www.maruzen-publishing.co.jp

© Maruzen Publishing Co., Ltd. 2024

組版印刷・富士美術印刷株式会社／製本・株式会社 松岳社

ISBN 978-4-621-30958-2　C 0525　　　　　　Printed in Japan

JCOPY 〈(一社)出版者著作権管理機構　委託出版物〉
本書の無断複写は著作権法上での例外を除き禁じられています．複写される場合は，そのつど事前に，(一社)出版者著作権管理機構（電話03-5244-5088, FAX 03-5244-5089, e-mail：info@jcopy.or.jp）の許諾を得てください．

【好評既刊 ● 47都道府県百科シリーズ】

(定価:本体価格3800～4400円+税)

47都道府県・**伝統食百科**……その地ならではの伝統料理を具体的に解説
47都道府県・**地野菜/伝統野菜百科**……その地特有の野菜から食べ方まで
47都道府県・**魚食文化百科**……魚介類から加工品、魚料理まで一挙に紹介
47都道府県・**伝統行事百科**……新鮮味ある切り口で主要伝統行事を平易解説
47都道府県・**こなもの食文化百科**……加工方法、食べ方、歴史を興味深く解説
47都道府県・**伝統調味料百科**……各地の伝統的な味付けや調味料、素材を紹介
47都道府県・**地鶏百科**……各地の地鶏・銘柄鳥・卵や美味い料理を紹介
47都道府県・**肉食文化百科**……古来から愛された肉食の歴史・文化を解説
47都道府県・**地名由来百科**……興味をそそる地名の由来が盛りだくさん!
47都道府県・**汁物百科**……ご当地ならではの滋味の話題が満載!
47都道府県・**温泉百科**……立地・歴史・観光・先人の足跡などを紹介
47都道府県・**和菓子/郷土菓子百科**……地元にちなんだお菓子がわかる
47都道府県・**乾物/干物百科**……乾物の種類、作り方から食べ方まで
47都道府県・**寺社信仰百科**……ユニークな寺社や信仰を具体的に解説
47都道府県・**くだもの百科**……地域性あふれる名産・特産の果物を紹介
47都道府県・**公園/庭園百科**……自然が生んだ快適野外空間340事例を紹介
47都道府県・**妖怪伝承百科**……地元の人の心に根付く妖怪伝承とはなにか
47都道府県・**米/雑穀百科**……地元こだわりの美味しいお米・雑穀がわかる
47都道府県・**遺跡百科**……原始～近・現代まで全国の遺跡&遺物を通観
47都道府県・**国宝/重要文化財百科**……近代的美術観・審美眼の粋を知る!
47都道府県・**花風景百科**……花に癒される、全国花物語350事例!
47都道府県・**名字百科**……NHK「日本人のおなまえっ!」解説者の意欲作
47都道府県・**商店街百科**……全国の魅力的な商店街を紹介
47都道府県・**民話百科**……昔話、伝説、世間話…語り継がれた話が読める
47都道府県・**名門/名家百科**……都道府県ごとに名門/名家を徹底解説
47都道府県・**やきもの百科**……やきもの大国の地域性を民俗学的見地で解説
47都道府県・**発酵文化百科**……風土ごとの多様な発酵文化・発酵食品を解説
47都道府県・**高校野球百科**……高校野球の基礎知識と強豪校を徹底解説
47都道府県・**伝統工芸百科**……現代に活きる伝統工芸を歴史とともに紹介
47都道府県・**城下町百科**……全国各地の城下町の歴史と魅力を解説
47都道府県・**博物館百科**……モノ&コトが詰まった博物館を厳選
47都道府県・**城郭百科**……お城から見るあなたの県の特色
47都道府県・**戦国大名百科**……群雄割拠した戦国大名・国衆を徹底解説
47都道府県・**産業遺産百科**……保存と活用の歴史を解説。探訪にも役立つ
47都道府県・**民俗芸能百科**……各地で現存し輝き続ける民俗芸能がわかる
47都道府県・**大相撲力士百科**……古今東西の幕内力士の郷里や魅力を紹介
47都道府県・**老舗百科**……長寿の秘訣、歴史や経営理念を紹介
47都道府県・**地質景観/ジオサイト百科**……ユニークな地質景観の謎を解く
47都道府県・**文学の偉人百科**……主要文学者が総覧できるユニークなガイド